LA

COMEDIE

DES COMEDIENS

TRAGI-COMEDIE.

Par le sieur GOVGENOT.

A PARIS,

Chez PIERRE DAVID, au Palais sur
le petit Perron de la grand'Salle du
costé des Consultations.

M. DC. XXXIII.

Auec Priuilege du Roy.

A MESSIRE
FRANCOIS DE BONNE
DE CREQVY, COMTE DE SAVLT,
& Lieutenant General pour le Roy en Dauphiné, en l'absence & suruiuance de Monsieur le Duc de Crequy son pere, & Cheualier des ordres de sa Maiesté.

MONSEIGNEVR,

Si les hommes plus illustres & plus grands Capitaines que l'Histoire nous fasse voir n'auoient aymé la Comedie, ie ne serois pas si presomptueux que de diuertir vos genereuses

ESPISTRE

occupations par vn fuiet fi leger: mais comme mon deuoir a combatu longuement ma temerité, i'ay eftimé pluftoft que venir les mains vuidés, offrir à voftre grandeur vn fruict cueilly dans le verger des Mufes, cultiué de ma propre main, pour vn fidelle tefmoignage combien ie dois à voftre excellente vertu, & diray franchement encore, que reconnoiffant en perfection la lumiere de cét admirable iugement, duquel Dieu vous a enrichi, & que toute la France admire comme hereditaire à voftre tres-illuftres maifon, ie n'aurois pas oʒé mettre au iour fous la faueur de voftre nom cét ouurage, fi les plus beaux efprits de ce fiecle n'en n'auoient approuué l'artifice, le deffein & l'argument. *Qu'il me soit donc permis,* MONSEIGNEVR, *appuyé de si nobles exemples que d'vn Scipion Africain, vous faire voir en ceste piece jusques où le secret de la Comedie peut atteindre, si vostre grandeur vne fois peut s'abaisser à si humble sujet,* & *me pourray vanter alors que vos heroiques qualitez estans ma sauue-garde, tout ce que l'Italie y a contribué* & *de riche* & *de beau ne fera point de honte à ce petit ouurage,* & *y recognoistra peut-estre l'abregé de tout le poly dont elle se vante auiourd'huy. Cette faueur me donnera le courage d'entreprendre si heureusement* & *reüssir en semblable sujet sous la protection d'vn nom si glorieux, que le Theatre sera le fidel-*

ESPISTRE

le tefmoin que mon ambition eft ex-
cufable, fi ie fouhaitte de tout mon
cœur d'eftre reputé,

Monfeigneur,

Voftre tres-humble & tres-
obeiffant feruiteur,
GOVGENOT,

ARGVMENT.

C Rristome riche marchand de Marseille, estant demeuré veuf, & sa femme luy ayant laissé vn fils & vne fille qu'il aymoit aussi cherement que sa vie, vn iour il alla faire vne promenade à vne Metairie qu'il auoit à vne lieuë de Marseille, où il mena ses enfans auec vne nourrice, son fils nommé Symandre estoit aagé de quatre ans, & sa fille appellée Perside, de trois. La nourrice se promenãt proche de la mer auec la petite fille aux bras elles furẽt surprises par trois Corsaires qui auoiẽt leur brigantin proche de là. Elles furent menées & venduës en Arger, à vn François renegat veuf & sans enfans, qui adopta la petite Perside pour sa fille, & luy changea son nom de Perside en celuy de Caliste. La nourrice vint à mourir si soudainemẽt qu'elle ne peut declarer à leur maistre la naissance de l'enfant, & ne peut sçauoir autre chose sinon qu'elle estoit Françoise. Il trouua cousu dans les habits de cette nourrice des petits bracelets, en l'vn desquels pẽdoit vn Iaspe où les chiffres & armes des pere & mere de la petite estoient grauez, qu'il conserue, iusques à ce que se sẽtant vn iour fort pressé de la mort, Caliste ayãt alors atteint l'aage de seize ans, il appella auec

ẽ

elle vn marchand Venitien nommé Trafile fon
amy, auquel ayant recommandé Califte, il luy
deliura en prefence de Trafile vne fomme notable de deniers, & les ioyaux trouuez fur la nourrice. L° renegat mort & Trafile retourné à Ve-
nife à bon port auec Califte, elle prend vne châ-
bre & vne feruante, elle eft reputée Courtifane,
Trafile fort vieil, riche & veuf, eft fort enflam-
mé de fon amour, qu'elle dedaigne. Vn ieune
Franofois la recherche pationnement, mais elle
ne le peut aymer d'amour, & l'affectionne pourtant d'amitié. Vn autre ieune Gentilhôme Frãçois, eftant vn foir efgaré de fon logis deuant celuy de Califte fut pourfuiuy & mis à nud par trois
voleurs, aux yeux de Califte & de fa feruante
eftant à leur feneftre. Ce Gentilhomme & Califte furent ce mefme foir atteins de l'amour l'vn
de l'autre, dont la feruante fafchée qui fauorifoit
le premier François l'aduertit & vn fien confident, Callifte mal fatisfaite de cefte feruante luy
donne des coups, dont elle protefte de fe venger. Pour ce faire, ayant chargé de fa maiftref-
fe d'attendre vn iour & de faire arrefter au logis
ce Gentilhomine, elle trouue inuention de faire
entrer l'autre auec fon confident, qui les efpées
aux mains ayant veu ce François auec vn poignard en la fienne, & croyans que ce fut pour en
offencer Califte qui eftoit affife prés de luy fur vn

petit lict de sale, entrerent de furie en intention
de le tuer. Ce que Caliste empeschant, elle supplie le François qui venoit d'entrer de luy donner son espée, l'asseurant qu'elle ne pourroit iamais viure contente si vn autre qu'elle faisoit la
vengeance du tort qu'elle venoit de receuoir de
ce Ieune Gentilhomme. Apres plusieurs excuses,
de l'autre, il luy donne en fin son espee, dont elle
se sert selô son intentiô. Elle demeure seule en son
logis. Vn autre ieune homme, arriue à Venise qui
apres plusieurs estonnemens de celuy qui donna
l'espée à Caliste, & recogneu pour Clarinde Da-
moiselle de Marseille à qui il auoit esté promis
par mariage. Mais auant ceste recognoissance,
Clarinde ayant veu au col de Caliste le Ioyau
qu'elle auoit, & y voyant les mesmes chiffres que
ceux d'vn anneau qu'elle auoit eu de son promis,
elle la fit recognoistre pour Perside fille de Cristome & sœur de ce promis nommé Symandre,
que Cristome estoit venu chercher à Venise sur
le bruit qui couroit qu'il faisoit l'amour à vne
courtisane. Caliste donc retrouuee & Clarinde
recogneuë les mariages se traitent du ieune
Gentilhomme auec Caliste, & de Symandre
auec Clarinde.

PERSONNAGES DE LA COME-
die des Comediens.

BELLEROSE.
GAVLTIER   Aduocat.
BONIFACE   Marchand.
CAPITAINE.
GVILLAVME   Vallet de Gaultier.
TVRLVPIN   Vallet de Boniface.
MAD. VALLIOT Femme de Gaultier.
MAD. BEAVPRE' Femme de Boniface.
M. BEAVCHASTEAV.
BEAVCHASTEAV.
MAD. GAVLTIER.
MAD. BONIFACE.
MAD. LA FLEVR.
MAD. BELLEROSE.
FILAME.
VOLEVRS.
CALISTE   Courtisane.
FLAMINIE   Seruante de Caliste.
SIMANDRE.
ARGANT.
POLION.
TRASILE.
CLARINDE.
FLORIDOR.
FAVSTIN.
CRISTOME.

LA
COMEDIE
DES
COMEDIENS.

ACTE PREMIER.

BELLEROSE.

MESSIEVRS, Nous auons toufiours tafché de vous donner tout le contentemét, qui nous a efté poffible, defireux que nos deuoirs refpondent à l'honneur que vous nous faites, nous auons ce tefmoignage en

A

nos propres sentimés, que nos actions
font pures pour voftre feruice. Et
qu'elles n'ont iamais efclaté par autre lumiere que par celle du defir de
vous renuoyer toufiours fatisfaits. Et
quoy que la calomnie n'efpargne per-
fonne, fi eft-ce que noftre petite Academie n'a iamais veu de fes effets pro-
digieux : auffi auons nous toufiours
obferué toutes les regles de la vertu
pour paruenir à l honneur qui doit
affranchir le theatre de blafme & de
reproche. Et fi quelqu'vn par negli-
gence eft fourd à nos paroles, fon
mefpris ne nous rend pas pourtant
muets à noftre devoir. Nous difpen-
fons les ouurages des bons efprits
auec cognoiffance & fidelité n'en-
uoyans rien à vos oreilles que nous
n'ayons foigneufement confulté par
la bouche des doctes. Il femble Meffieurs que le difcours que ie vous fais

maintenant ſoit hors de ſaiſon puis que l'attention (de laquelle vous venez honorer noſtre action) approuue par ſon ſilence la verité de mes paroles; mais ce que ie dis c'eſt pour obtenir vne excuſe legitime que i'ay charge de mes côpagnons de demander de voſtre courtoiſie, ſur vn accident qui nous vient d'arriuer à ceſte heure. Vous ſçauez que comme il ne ſe trouue point d'antipathies plus irreconſiliables que celles d'entre les ſçauans, il n'y a point de plus grandes auerſions que parmy les ambitieux. Nous voyons ſouuent des effets du deuoir de nos emulatiós au deſir de vous agreer, aſpirant chacun de nous à celuy d'y tenir le premier rang ; & touſiours dans l'ordre des choſes dont nos inclinations nous peuuent rendre capables. Mais auiourd'huy par malheur deux de nos principaux Acteurs ſe

sont esmeus si auant sur ce sujet, qu'ils
ont passé des paroles aux effects, ou par
vne mauuaise rencontre ils se trouuent
tous deux blessez. C'est Messieurs, ce
qui m'oblige de vous supplier tres-
humblement de nous dispenser pour
ce iour du sujet que nous vous auions
promis & auquel nous nous estions
preparez auec autât de soin que d'af-
fectiou, vous asseurant que nous la
remettons auec plus de regret que
vous en attendiez de plaisir. Ce manquement seroit inutile & mon com-
pliment injurieux si c'estoit pour
nous excuser d'vne faute qui nous fust
ordinaire; mais ie ne croy pas qu'on
nous en puisse reprocher deux sem-
blables, c'est vn accident, & non pas
vn dessein, la face de nostre theatre qui
est preparé pour nostre Comedie des
Comediens me demétiroit si ie disois
autrement. Elle sera sans doute la

premiere action que nous ferons deuant vous, & n'oublierons rien de tout
ce que nous croirons eſtre auſſi digne
de voſtre merite que voſtre ſilence
nous aſſeure que nous le ſommes de
voſtre pardon.

B.ll.
feint de
vouloir
rentrer.

SCENE PREMIERE.

GAVLTIER BONIFACE,

GAVL.

Vy, ie te l'ay dit. Et te le dis encor, tu n'as ny la mine ny le jeu,
il y a auſſi peu de proportion de
ton eſprit au mien qu'il y a de differen-
entre ta race & la mienne,

BONI.

Compere Gaultier, ie pardonne à
ta mauuaise humeur, & ne veux point
d'autre tesmoignage des deffauts de
ton esprit que celuy de ne porter pas
sur ton chapeau l'inscription de ta ge-
nealogie, afin qu'on sçache par la verité ce qui paroist si peu en l'apparence.

Gau por-
te le bras
en eschar-
pe.

GAV.

Boniface, tu m'obligerois à quitter
l'escharpe pour reprendre le glaiue.

BONI.

La belle pensee, quitter l'escharpe
pour prendre le glaiue! tu m'obligeras
à ne t'aymer iamais si tu ne deuiés sage.

GAV.

Ils met-
tent la
main aux
espees.

Ie voy bien monsieur le marchand,
que vous me voulez vendre vostre ar-
riere-boutique: mais vous serez payé
comptant.

BONI.

Nostre Mr. l'Aduocat, ie vous fe-

ray plaider auiourd'huy voſtre der-
niere cauſe,

BELL. les ſepare.

Quoy Meſſieurs, vous recommen-
cez, ſont ce-là les moyens d'vne bonne intelligence pour affermir vne ſo-
cieté? Que ſont deuenues ces belles
proteſtations d'amitié qui nous de-
uoient ſeruir d'exemple pour l'eſta-
bliſſement de noſtre Academie?

GAV.

Monſieur de Bellerose, tout eſt ſup-
portable horſmis les mauuaiſes comparaiſons, Boniface veut meſurer ma
robbe à ſon aulne, comme ſi l'on ne
ſçauoit pas bien la difference qu'il y a
du Palais à la boutique, de l'eſtude au
magaſin, & du Iuriſconſulte au marchand.

BONI.

Monſieur le Docteur, ie ſçay auſſi
bien que vous qu'il y a des degrez aux

qualizez : mais vous ne ſçauez pas
qu'vn Aduocat ignorant eſt plus ridi-
cule qu'vn pauure marchand , par ce
que l'on peut au lieu de ſoye vendre
des eſtoupes : mais l'ignoráce n'a point
de reſſource.

BELL.

Seigneur Bonifacè , vous auez tort.

GAV.

Monſieur retirez vous ie vous prie,
que ie lui cite vne loy ſur la machoire.

BONI.

Tu as enuie que ie te vende vne aulne d'eſtoffe pour alonger ta ſotane.

BELL.

Mais Meſſieurs , ne ſçauroit on terminer voſtre differend par la raiſon
afin d'eſteindre ce feu dont vos
paſſions ſont eſmeües contre voſtre
ancienne amitié.

GAV.

Le Capi-
taine ſort

Ha! voila Monſieur le Capitaine
qui

qui vous pourra dire qui a le plus de
tort de nous deux.

BONI.

Si vne fois les armes & les loix s'ac-
cordent enfemble, les pauures marchands auront fort à fouffrir.

CAPITAINE.

Que dites vous feigneur Boniface.

BONI.

Ie dis que ie veux deuenir grand
Capitaine pour marcher deuant les
petits Aduocats.

GAV.

Voila vne belle coppie de Capitaine.

CAP.

Vous parlez d'vne qualité qui s'a-
quiert par vn art dont l'apprentiffage
doit eftre fait en vn aage plus verd que
levoftre. Il faut commencer d'eftouf-
fer, comme i'ay fait, les ferpens dez le
berceau, d'efcrafer les teftes des dra-

B

---

gons durant l'adolescence, & de surmonter les geans en la virilité: Mais laiſſons à part les preceptes de la guerre & parlons de voſtre paix auec le ſeigneur Gaultier.

BELL.

Vous auez raiſon Monſieur, auant que de les quitter il les faut reconcilier ou nous pouruoir ailleurs de perſonnages neceſſaires à noſtre aſſociation.

GAV.

L'Honneur de Barthole mis à part, vous voyez vn homme auſſi ſouple qu'vne botine de Cabrion.

BONI.

Ie n'ay point de Barthole, de Iaſon ny de Cujas à repeter, ie ſuis content de remetrre l'honneur que ie dois à moy meſme entre les mains de ces Meſſieurs.

BELL.

Voila le vray chemin de la recon-

ciliation hors lequel il ne se trouue
point de raison, le seigneur Boniface
a tousiours tesmoigné de la vouloir
suiure, & ie croy que monsieur Gaultier comme celuy qui par la iustice
des loix la fait faire aux autres, ne s'en
esloignera pas, ils sçauent bien tous
deux que la raison doit estre tellemēt
grauee dans l'entendemét qu'elle doit
estre la principale partie de l'homme,
& que toutes choses qui ne sont pas
gouuernees par elle sont confuses.

GVILLAVME *valet de Gaul-*
tier vient parler à son maistre.

Monsieur, le mary de ceste femme
qui vous apporta ses pieces auant hier
pour escrire en droit est au logis pour
les retirer, Madamoiselle m'enuoye
sçauoir s'il vous plaist qu'on luy rende son sac, il a apporté vne beface pleine de febues d'vn costé, & de l'autre
de noix, & de raisins sechez au four.

B ij

Gav.

Ha le lourdaut ! dites à ma femme qu'elle rende ces pieces , & qu'elle se fasse donner cinq liures dix sols pour le payement des escritures que i'ay faites.

Gvil.

Il dit que sa femme luy a dit que vous lui dites qu'il ne falloit que vingt & vn sol , qui est à raison de trois sols & demy pour chasque fueillet de prix fait auec vous, surquoy vous auez receu sept sols, & demy quarteró d'œufs de cinq sols quatre deniers, & depuis vne liure de beurre de six sols & demy, reste deux sols & vn double qu'on vous doit de reste.

Gav.

Allez prototype de l'ignorance, est-ce là ce que vous auez appris auec moy ?

GVIL.

Quoy? ay-je pas bien fait le compte.

GAV.

Taisez vous, vous estes vn sot.

GVIL.

Si vous n'estiez mon maistre ie n'endurerois pas tant de choses, qu'on demande à ces Messieurs si Trenchant, Pelletier, ou Sauonne, tous mes maistres d'Arithmetique pourroient par toutes les regles de leur art calculer vostre compte plus iustement que i'ay fait.

GAV.

Guillaume, vous me fachez, foy de Docteur ie vous donneray vne licence de droit ciuil : allez dire à vostre maistresse qu'elle enuoye cét homme, & me laissez en paix.

BELL.

Voila vn vallet fort naif.

Guillau
r'entre
pour
crainte
d'estre
frapé de
son mai-
stre.

CAPIT.

Ie ferois fort ayfe d'en trouuer vn
de fon humeur pour me diuertir quelquesfois de la paffion où les grands
deffeins m'emportent, pour me re-
creer apres mes victoires, mais voyós
d'acheuer cét accord afin de parler de
noftre affaire.

BELL.

Ie difois lors que ce garçon m'a in-
terrompu que l'abandon de la raifon
mettoit tout en confufion: Et j'adiou-
fte que máquát à nos refolutions, elles
reffemblent au nauire agité des tour-
mentes de la mer & des vents: il eft
bien vray qu'il faut que la nature nous
guide, & que c'eft elle qui gouuerne
les confeils de la raifon lors que les
mauuaifes habitudes ne l'ont point
peruertie, nous iugeons de nos affaires à noftre aduantage, & la faueur
impofe filence aux difcours de la rai-

on, ainſi elle degenere lors qu'elle eſt
ns exercice. Bref les hommes les plus
aiſonnables ce ſont ceux qui viuent
ſló les loix de la nature, laquelle nous
oit touſiours incliner à la vertu de
ſçauoir ſupporter les infirmités de nos
mis, meſmes de ceux leſquels nous
ſuuons ſuiure; C'eſt pourquoy Meſſieurs, nous vous prions monſieur le
Capitaine & moy de quitter ces rio-
es & picoteries, qui ſont plus propres
à des ieunes femmes qu'à des hommes
de voſtre aage,

CAPIT.

Voſtre differend ſe peut terminer
par la ſeule honte de l'auoir eſmeu. Ie
croyois vous auoir tantoſt fait oublier
de ſi foibles intereſts par les proteſtations que vous mauez faites de ne vous
reſſouuenir plus du ſubiet d'vne ſi
mauuaiſe cauſe: vous pretendez tous
deux la preference des perſonnages de

Roys de la Comedie, sans considerer
qu'il les faut representer tantost ieunes tantost vieux, & puis de grande
ou petite stature. Ie pourrois auec plus
de droit que vous auoir ceste ambitió:
Car outre la disposition & proportion
de mon corps, ie me suis acquis dans
la conuersation des Roys vne certaine
majesté, qui me fait souuent prendre pour Prince, par ceux qui me voyent tout couuert de lauriers à la teste
des armées; ie ioincts à ceste grauité
la partie recommádable de l'eloquence que i'ay aussi par dessus vous, le secret d'attirer les cœurs & les volótez,
toutes ces parties me pourroient donner vne place en quelque lieu du theatre que ie la voulusse choisir, sur tout
entre les amoureux que ie ne croy pas
que personne me voulust disputer,
Mais i'ay vne telle auersion à ceste oi-
siueté d'amour, & ma valeur me tient
tellement

tellement attaché aux exercices de
Mars que fans la neceffité que le Thea
tre a d'amoureux ie croyrois de pro-
phaner mon honneur d'en parler feulement.　　　　 B E L L.

Monfieur le Capitaine, nous aurons
affez de temps pour parler de nos inclinations, aufquelles il faudra necef-
fairement que nous rapportions nos
volontez par le iugement de tous nos
compagnons: mais acheuons de regler l'ambitió de ces Meffieurs. Vous
croyez Monfieur Gaultier que la qualité d'Aduocat vous donne le droit de
preference fur moy, Boniface par ce
qu'il n'eft que marchand veritable-
ment on fçait bien que le Doctorat
donne de grands priuileges à l'efprit,
& que la cognoiffance des bonnes lettres releue les belles conceptions, &
refoult les difficultez de l'entendemét,
mais ces parties là ne font pas les plu

C

neceſſaires au Theatre qui n'a beſoin
que d'vne eloquence concertee, qui ſe
peut rencontrer en des perſonnes de
toute ſorte de cõditions pouruec que
l'action & la diſcretion leur ſoient ac-
quiſes. Naturellement vous poſſedez
toutes ces choſes: mais ſans les derniers
toute la ſcience du monde ne vous
pourroit eſtre vtile que pour repreſenter la partie de Iuriſconſulte; de
ſorte que le ſeigneur Boniface peut
eſtre auſſi capable de reciter ſous l'habit d'Empereur que le pourroit eſtre
Hipocrate meſme s'il viuoit encore.
C'eſt par ceſte raiſon là que nous voyons ſouuent des femmes & des enſans
auoir de grands auantages ſur vne infinité de bons Acteurs doctes en la
Philoſophie & verſez és langues. Il eſt
vray qu'on ne peut eſtre bon Acteur
ſans bien entendre ce qu'on recite:
mais ceſte intelligence s'acquiert par

l'habitude en ceux qui ne l'ont pas par les lettres, & ces considerations dôiuent arrester nostre ambition & la conseruer à l'vtilité publique afin de former des membres de nostre compagnie vn corps bien proportionné, duquel le bras ou la main ne desdaigne point la jambe ny le pied. Nos ambitions autrement seroient comme les maladies enueloppées ausquelles on ne sçait quel remede dóner pour estre les humeurs contraires les vnes aux autres. Puis donc Messieurs que vous estes tous deux tres-capables du Theatre soiez soigneux aussi de son honneur qui consiste en la bonne conduite, vous asseurant que si mon esprit s'estoit tant soit peu laissé chatoüiller à la vanité pour ne me persuader quelque merite par dessus le moindre de mes compagnons, ie m'en rapporterois à vos bons iugemens.

G A V.

Ie fuis tout preft de fubir le voftre,
à la charge que mon compere Boniface mette les loix à leur poinct.

B O N I.

Compere ne parlons plus de cela, ie
les mettray au deffus de toutes mes
penfées: mais fortons d'affaires & n'a-
bufons pas de la patience de ces Meffieurs.

T V R L V P I N.

Monfieur, ie vous viens demander
mon congé.

B O N I.

Voftre congé, & pourquoy?

T V R L.

Parce que Madamoifelle me vient
de reprocher que ie mangeois trop,
elle me veut mal à caufe que ie vous
ay dit que ce cochon de l'autre iour
dont elle vous fit payer neuf liures fept
fols n'auoit coufté que fix liures qua-

torze fols, & parce que le Cordonnier
ne luy auoit pas affez ouuert les fouliers que i'auois commandé pour elle,
& que par malheur hier en voulant
prendre la bouteille au vinaigre deffus
fon buffet pour faire la faulce fur cefte
oreille de pourceau què vous me fiftes
accommoder, ie fis tomber vn petit
pot de terre quife caffa , dans lequel
elle dit qu'il y auoit de l'eau aftringen-
te de tel prix que mes gages de deux
ans ne la pourroient payer , elle en eft
venuë fi auant que de m'éfermer deux
collets que Claudine la pafticiere m'a-
uoit donnez, parce que comme vous
fçauez, ie luy difois quelquesfois la
leçon, elle m'a auffi pris l'aulne de droguet bleu que vous m'auiez donnee
pour faire vn manteau de farce; & ce
qui eft de plus infupportable, c'eft que
le plus fouuent ie trouue à mon cou-
cher des chardons dans mon bonnet

de nuict, & les draps de mon lict tous
moüillez, pour m'accuſer d'auoir piſſé
dedans, & ce matin en me voulant leuer, i'ay trouué mes bas de chauſſes
couſuës enſéble & mes ſouliers pleins
de poix : En fin Monſieur ie m'en veux
aller , & s'il eſt vray que vous & ces
Meſſieurs auec leſquels vous vous aſ-
ſociez pour faire la Comedie, m'ayez
jugé capable d'y pouuoir eſtre vtile, co
ne ſera iamais ſans l'authorité de Ma-
damoiſelle ſçachant bien qu'vne pro-
feſſion ſi libre ne veut auſſi que la liberté, i'auois pour cómencer à m'exercer à la vertu, ſelon voſtre bon conſeil, fait de petits repertoires de ſou-
pleſſes & gentilleſſes de maux, ces ren-
contres, ruſes, inuentions, ſubtilitez,
équiuoques , feintes & perſuaſions,
toutes propres & neceſſaires aux pra-
ctiques d'amour, où ie n'auois pas oublié les moyens qu'il faut tenir pour

esmouuoir, pour retenir, pour eschau-
fer & pour refroidir vne ame capable
d'amour : & sur tout i'auois recueilly
trente secrets pour faire tenir si accor-
tement des lettres aux amans , principale partie des negotiations amoureuses; que Mercure mesme auroit bien de
la peine d'y trouuer des obstacles.
Bref mes memoires pouuoient estre
sans difficulté ny reffus de la cabale des
amans, adioustez à l'art d'aymer pour
lequel Ouide son honneur fut si mal
traité d'Auguste ; & ma maistresse a
esté si cruelle que de me prendre mes
tablettes en ma poche, & d'effacer les
recueils que i'auois faits auec tant de
peine : Et pour conclusion i'ay trouué
au lieu de mes secrets la chanson des
Sauetiers, de Lanturelu, & de Iean de
Niuelle. Et qu'ainsi ne soit voila
dequoy.

Bon i.

Turlupin, tu es vne beste, laisse dire
ta maistresse , laisse la faire, nous ferons vostre accord apres le nostre. Va
m'attendre au logis tu auras des sou-
liers, vn bonnet de nuict ; des bas de
chauses & des tablettes : Et au lieu
d'vn manteau de droguet tu en auras
vn de baraquan & le tout sera neuf,
Et pour tes memoires, ie sçay bien que
tu en as plus en ta ceruelle que tous
les Maquinons de Venise.

Tvrl.

Grand mercy mon maistre.

Capit.

Si vostre valet auoit affaire à Ro-
domont, à Sacripan ou à Robert le
Diable, ou à tous trois ensemble, i'y-
rois de ce pas lui faire faire raison:mais
ie croyrois de profaner mon courage
de l'emploier aux querelles des femmes.

Bel.

DES COMEDIENS.
BELL.

Voila la plus plaisante digression du monde. Turlupin est bien des plus gentils garçons qui se puissent rencótrer pour le Theatre & se faut bien garder qu'il ne nous eschappe. En fin Messieurs, ie suis d'auis que vous vous embrassiez & que nous demeurions tous amis, le temps nous presse, allons pouruoir à nostre vnion & commencer de dresser le memoire des choses qui nous sont necessaires, & quant aux personnages, soit de Dieux, Empereurs, de Roys, de Princes de Seigneurs, de Gentilshommes, d'Aduocats, de Medecins, de Marchands, de Bergers, de Seruiteurs ou autres de quelques qualitez ou conditiós qu'ils puissent estre, comme il faut que le Theatre en produise de toute sorte, estant vne figure racourcie du monde, ie m'asseure que vous ne ferez non

D

plus de difficulté que vos compagnós
de receuoir les habits , & les robbes
defquels vous pourrez dignement &
vtilement contenter nos Spectateurs;
puis que lors que les actions comiques
font finies nous reprenons nos formes
ordinaires.

G A V.

Mon compere ne parlons plus de ce
qui s'eft paffé , embraffons nous & allons terminer noftre guerre fur les
treteaux de la paix.

BJo N I.

C'eft bien dit , laiffons à part le Palais , les magafins , les facs de procés &
les embalages , & que deformais nous
viuions dans vñe intel'igence capable
dè la nouuelle profeffion que nous
voulous exercer.

G A V L.

C'en eft fait , allons.

BELL.

Mais à propos, Meſſieurs vous ſçauez qu'il nous manque vn ieune homme pour la repreſentation d'Amoureux, il faut que nous apportions vn ſoin commun à l'election de quelque honneſte homme d'entre vne infinité qui ſe preſentent ſur le bruit de noſtre entrepriſe, il ne ſe void que trop de perſonnes qui bruſlent du deſir de monter ſur le Theatre : mais il s'en trouue fort peu de ceux qui en ſont iugez neceſſairement dignes.

CAPIT.

Si noſtre Theatre auoit beſoing de deux Capitaines, choſes que ie ne pourrois ſupporter, & que i'empeſcherois contre quatre Anglois ſi ce n'eſtoit que l'antiquité me deferaſt comme à ſon Colonel, ie vous donnerois le choix de cent hommes qui tous ont commandé dans les plus glo-

rieuſes occaſions que Mars ayt iamais
faire voir duranr ce ſiecle, & leſquels
ſe tiennent plus honorez de ma compagnie, qu'ils ne feroient de celle du
grand Mogor ; mais puis qu'il n'eſt
queſtion que d'Amoureux ie vous prie
Meſſieurs de me vouloir diſpenſer de
ceſt affaire tandis que i'jray preparer
mon equipage & tirer de mon arce-
nal les armes offenſlues & deffenſiues
pour l'ornement de nos actions mili-
taires, où i'auray beaucoup de peine
d'obſeruer la feinte, n'ayant autre deffaut que celuy de perdre tout ſentimét
de miſericorde lors que i'ay vne fois
eſb anlé mon eſpée, & ce qui me donne plus à penſer que tout le reſte, c'eſt
que ie ne ſçay comme ie me pourray
réſoudre à contrefaire le vaincu s'il
faut que par malheur la neceſſité d'vn
ſubiet m'y contraigne, moy qui n'ay
iamais eſté que victorieux & trióphant

BELL.

Monfieur le Capitaine, vous ferez
commé ces Seigneurs qui pour fortir
d'vn mauuais pas fe feignent eftre les
valets de leurs valets.

CAPIT.

Ie tiens cefte action indigne d'vn
tel homme que moy, & ne croy pas
qu'elle puiffe ny doiue paffer pour bóne dans l'opinion d'vn grand Capitaine: Cependant Meffieurs ie vay pouruoir à mes affaires.

GAV.

Monfieur, nous allons faire comme vous.

BELL.

Et moy, ie vay de ce cofté voir fi
par hazard ie pourrois rencontrer vn
gallant hóme de mes amis que ie vou-
drois bié pouuoir difpofer au defir d'e-
ftre des noftres, n'en cognoiffant point
de plus capable que luy ainfi que i'e-

spere le faire aduoüer à tous nos compagnons, si ie le puis attirer ce soir ou
demain dans la salle de nos concerts.

BONI.

Et moy ie vay faire l'accord de ma
femme auec Turlupin.

Bell. de-
meure
seul.

SCENE SECONDE.

M. VALLIOT. M. BEAVPRE,

M. BEAVCHASTEAV.

M. VAL.

De sorte Monsieur, que contre toutes les regles de vostre aage vous voulez deuenir melancholique: mais voicy Monsieur de Bellerose fort à propos qui vous deliurera de la peine que
vous prenez de le chercher.

BELL.

Ils se sa-
luent,

Certes Monsieur, sans vostre

rencontre ie serois maintenant proche de voftre logis, où ie vous allois
cercher.

BEAVCHASTEAV.

Ie m'y en retournois, ne vous ayât
pas trouué au voftre d'où ie viens.

M. BEAVPRE'.

A ce que ie voy, vous auez affaire
enfemble puis que vous vous cerchez,
& fuis d'aduis que ma commere ny
moy ne vous empefchions point, feulement ie vous prie Monfieur de Bellerofe de nous dire ce que vous auez
fait de nos maris, & s'ils font maintenant d'accord.

BELL.

Ils viennent de partir à cefte heure,
d'icy meilleurs amis que iamais, leur
opiniaftreté eftoit bien plus grande
que leur difficulté. Nous n'eufmes iamais tant de plaifir qu'en cefte reconciliation, où le Capitaine s'imaginoit

de pratiquer les mefmes regles dont
on fe fert chez les Princes, pour paci-
fier les querelles des grands. Surquoy
il n'y a forte d'exemples dont il ne nous
ayt frappé les oreilles, auec des geftes
& des rodomontades fi expreffes que
ne le cognoiffant pas ie l'euffe pris
pour le grand Preuoft des falles de
France. Tant y a que ceft hipocon-
driaque croit fur peine de la vie que
nous l'eftimós tel qu'il fe repute eftre.
Mais au regard du defir de nous voir
Monfieur de Beauchafteau & moy,
tant s'en faut que Madamoifelle Gaultier ny vous me puiffiez deftourner de
ce que i'ay à luy dire qu'au contraire
il eft neceffaire que vous le fçachiez
toutes deux comme chofe qui vous
importe :   Et pour luy s'il à quelque
chofe de particulier a me cómuniquer
voftre difcretion & la cómodité luy en
donneront toufiours affez de myen.

BEAVCH.

BRAVCH.

Monſieur l'affaire que i'ay auec
vous requiert auſſi la preſence de ces
Damoiſelles ; & peut eſtre que nos
deſſeins ont vn meſme but. Et pour ne
vous pas tenir en ſuſpens, ie vous diray
franchement que le ſubiet du mien eſt
qu'ayant apris que vous dreſſez vne
troüpe de Comediens pour le ſeruice
& contentement particulier du Roy,
auec permiſſion de ſa Maieſté, de vous
exercer auſſi en publiç. Et ſçachant
Monſieur que vous meritez d'y
tenir vn premier rang & pouuez y
donner place à quelqu'vn de vos
amis par le cóſentement de Meſſieurs
vos compagnons i'ay creu que s'il y en
auoit quelqu'vne de reſté de laquelle
ie puiſſe eſtre iugé digne que ie la
pourrois poſſeder par voſtre moyen
eſtant aſſeuré de l'honneur de voſtre
amitié, ſi le bonheur que ie ſouhaite

E

auec paſſion m'arriue, ie le tiendray
de voſtre courtoiſie plus que d'aucun
merite que ie croye eſtre en moy.

BELL.

Voila Monſieur la ſeule occaſion
pour laquelle ie vous cherchois, &
laiſſant à part ce que vous dites à mon
aduátage la ſeule conſideration des
bonnes parties dont vous eſtes pourueu merite bien qu'on vous recerche
non ſeulement pour le Theatre, mais
auſſi pour tous les emplois les plus re-
commandables, de ſorte que noſtre
compagnie s'oublieroit grandement
de reffuſer vne choſe dont elle a beſoin & de laquelle i'auois charge de
vous parler. Nous nous deuons aſſem-
bler ce ſoir au logis de Móſieur Gaultier, où s'il vous plaiſt de vous trouuer
vous receurez ſans doute le contentement que vous deſirez, & nous le bié
de le vous donner, tandis ces Damoi-

felles prendront s'il leur plaiſt la peine
d'en dire leur ſentiment.

· M. VALL.

Ie ne croy pas que les eſprits les plus
difficiles puiſſent contrarier vne ſi iuſte acquiſition , & m'aſſure que ma
commere Boniface ſera de mon opinion, pour vn amoureux , car la partie
qui nous manquoit ne ſe pourroit
trouuer en apparence mieux peinte
qu'au viſage & aux actions de Monſieur de Beauchaſteau qui me perſua-
de que ſon ame en recele des veritez
dont aſſeurement ſa diſcretion retient
pluſtoſt les effets que ſon humeur,
tant y a que ie croyrois eſtre inſenſi-
ble ſi ie n'eſtois touchee de ſon merite
& indigne de reſpirer ſi ie ne luy
donnois ma voix.

M. BEAVPRE'

Ie ſoubſcry à voſtre opinion ſans
m'arreſter aux raiſons que i'en ay qui

E ij

font fondees fur de fi iuftes fubiets que
l'enuie mefme ne m'en peut dementir.

BEAVCH.

Ie ne veux pas condamner ce que
vous iuft.fiez aymant mieux receuoir
vos loüanges par la difcretion du filence que de les refuser par la vanité
d'vne voix mal articulee , fçachant
que comme c'eft vn mefpris de refufer
les prefens des Roys c'eft auffi vne in-
ciuilité de negliger la bienueillance
des amis, ie fçay bien que le Theatre
a befoin de perfonnes qui ayant non
feulement ce que voftre faueur me
donne : mais qu'il requiert auffi des
efprits vniuerfels foit aux paroles, aux
actions & fur tout aux penfees. Car
le Theatre eftant vn abregé du monde on y doit reprefenter en abregé
toutes les actions du monde. Et c'eft
auec beaucoup de peine, d'autant que
douze Acteurs pour le plus dont la

Scene est composee doiuent en cinq
actes & en deux heures representer ce
qui dans l'vniuers aura peut estre suc-
cedé en vingt annees à mille personnes, & de plus c'est que dans le Theatre vniuersel nul n'est attaché qu'à sa
propre condition: mais au Comique
chasque Acteur doit representer la
qualité, la condition, la profession ou
l'art que les subiets requierent, & c'est
ce qui fait le Theatre bien different
de l'opinion du vulgaire, & qui monstre l'estourdissement de ceux qui
croyent par le rapport d'vn miroir &
par l'aplaudissement d'vn vent popu-
laire que quelque beauté de corps que
la nature leur a donné ou quelque af-
feterie de langage qu'ils ont glenné au
champ des Muses, les rendent capables d'attirer sur eux les yeux & les o-
reilles d'vne assistance composee bien
souuent des plus beaux esprits d'vne

Prouince. Cela prouue encor l'eston-
nement & la honte que reçoiuent tous
les iours de telles perfonnes , finale-
ment c'eft ce qui conclud qu'il faut
pour paroiftre bon Acteur eftre ne-
ceffairement docte, hardy , complai-
fant, humble & de bonne conuerfation, fobre, modefte , & fur tout la-
borieux. Ce qui eft bien loin de l'opinion de plufieurs qui croyent que la
vie Comique ne foit qu'vn libertina-
ge, vne licence au vice, à l'impureté, à
l'oifiueté & au dereglement.

B E L.

La vertu le plus fouuent eft prife
pour le vice par ceux qui ne la cognoiffent pas , & fouuent aufsi ceux
qui la cognoiffent mieux ce font ceux
qui la pratiquent le moins. Laiffons
les ignorans & les malicieux en leur
humeur , pourfuiuons noftre deffein
fi vous le trouuez bon , & que ces Da-

moiſelles l'ayent agreable nous irons
faire la promenade attendant l'heure
que nous auons priſe pour nous aſſem-
bler.

BAVCH.

Ie n'ay point d'autre affaire maintenant que celle du bien de vous ac-
compagner, & quand i'en aurois quelque autre ie ne la pourrois remettre
pour vn plus digne ſubiet, que pour
voſtre conuerſation.

M. VALL.

Ouy mais ma commere, quelle excuſe trouueray-ie à noſtre retour? pour
vous, vous gouuernez la boutique de
mon compere, mais ie ſuis ſubiete aux
loix de mon Docteur.

M. BEAVP.

Ie luy ferois paſſer vne couſtume
pour vne loy. Veritablemét ie viurois
dans vne paſſable liberté auec mon bó
homme ſans ce malheureux valet de

Turlupin qui a vne ſi forte auerſió de toutes mes actions qu'il ne penſe qu'à me deſobliger, & ce qui eſt de pis c'eſt qu'il eſt ſi ſubtil qu'il porte l'eſprit de ſon maiſtre ſur la paulme de ſa main.

M. VALL.

Et moy tout aucontraire, ie gouuerne ſi bien les actions du bon gros Guillaume, que s'il pouuoit il ne parleroit iamais que par ma bouche. Ie porte ſes volontez ſur le but où ie viſe, comme fait vn bon ioüeur de ſa boule, mais mon mary eſt d'autant plus difficile & deffiant que ce pauure garçon eſt facile & franc, & c'eſt en quoy ma condition eſt bien plus à plaindre que la voſtre puis que vous pouuez vous deffaire de Turlupin, & que ie ſuis inſeparablemét liee à Gaultier, qui ne peut plus ſouffrir la bonne volonté que ſon valet a pour moy.

BEL.

BELL.

Peut-estre que ce changement de condition changera aussi les humeurs de Monsieur Gaultier, & de Turlupin; du moins ils verront des exemples de punition contre les mauuais, & de recompense pour les bons: mais allons faire nôstre promenade.

M. VAL.

Allons quand toute la Iurisprudence deuroit esclater contre moy, ie ne laisseray pas eschaper vne si bonne occasion de diuertir vn soucy que i'ay.

F

ACTE SECOND.

TVRLVPIN, GVILLAVME.

TVRL.

Et bien Guillaume, qu'en dis tu, auras tu le courage de porter ton bonnet fur le Theatre? Mon maiſtre mé perſe-cute pour faire la Comedie, mais i'ap-prehende les inconueniés que les plus habilles hommes ont beaucoup de peine d'euiter.

GVIL.

Ton maiſtre te perſecute, & ma maiſtreſſe m'eſcorche pour le meſme ſubiet, il n'y a ſorte de caioleries dont

elle n'vfe pour m'y faire refoudre iuf-
qu'à me faire des prefens.

TVRL.

Mais encor, que t'a elle donné?

GVIL.

Elle me donna l'autre iour vne efcritoire, auant hier vn chauffepied, hier
vn peigne, & auiourd'huy elle m'a
donné fix paires de fes vieux fouliers,
des curedents, du pain d'efpice, des
mitaines, vn fifflet de buys, vne cuil-
lier, & plus de trente chanfons nouuelles du pont neuf, & toufiours ma
foupe toute pleine de choux.

TVRL.

Voila de grands excés de faueurs,
mais que feras tu de cefte efcritoire?

GVIL.

Efcoute Turlupin, fouuiens toy
que ie fuis Guillaume Clerc du Docteur Gaultier & que ie m'entretiens
de linge du feul profit des coppies que

E ij

ie fais à mon maiftre & ne faiſōs point
de comparaiſons, les chaffeurs ny les
peſcheurs ne prennent pas touſiours,
les Singes font l'amour à leurs mai-
ftres, les Perroquets parlent toutes langues, & la barbe ne fait pas l'homme,
mais ſi tu veux que nous viuiós en paix
gauſſerie à part, ouy ie porteray mon
bonnet & mes chauſſes ſur le Theatre
auec peut eftre plus d'aſſeurance &
d honneur que tel qui ſe mire ſeptante
fois le iour? en doute tu, ſi tu es ſi capable argumente, & ſi ie ne te donne
vne ſolution de continuité par le nez
eftime moy alors indigne d'vne eſcri-
toire?

T v R L.

Ne nous faſchons pas ie te prie, dy
moy franchement ſi tu as donné parole à ton maiftre.

G v I L.

Non, mais i'ay promis à ma mai-

ſtreſſe , & à Monſieur de Bellerose,
car pour mon maiſtre il ne deſire pas
beaucoup que ie ſois dans la troupe,
parce qu'il ſçait bien qu'auſſy toſt que
i'y ſeray il ne faudra plus parler de
maiſtre ny de valet hors du Theatre.

T V R L.

Tu n'entens pas ce que tu veux
dire.

G V I L L.

Tu te meſles quelquesfois de faire
le ſerieux iuſqu'a faire releuer ta mou-
ſtache, voire iuſqu'a faire faire le ca-
ſtor à ton chapeau & tu ne ſçais pas
que la conditió comique ne cognoiſt
point de maiſtriſe ny de ſeruitude, hors
de l'action, mon drôle de Docteur s'i-
maginoit que ie ſerois le bon Guillaume, & que ie remettrois ma fortune de
la comedie à ſon indiſcretion pour en
traitter auec la compagnie , & ainſi
que ie ſerois ſi marauld & ſi beliſtre,

que de me contenter toufiours des
crouftes que fes dents ne peuuét maf-
cher, & d'vne foupe, le plus fouuent
d'vne tefte de maquereau qui refte fur
fon affiette. Non non, pour le Theatre ie prédray telle qualité qu'on vou-
dra; mais pour la table i'entens que
celle de monfieur me demeure, c'eft
à dire, que ie veux pefcher au plat à
main ouuerte, le cul fur la felle, & le
tout en forme comique, fans difference de Gaultier ny de Guillaume; Cor-
bleu pour qui me prens tu, que ie
vueille paffer ma ieuneffe en Sigon-
gne & me faire nourrir par mes enfans
lors que ie ne pourray plus ronfler, ny
cracher à terre? A d'autres Turlupin
les nyais font en tutelle & les oyfons
leur font peur auec le foufflé; le vacher
de Gonneffe difoit l'annee paffee
qu'il feroit beauconp de groifelles, &
quand on lùy demandoit comment il

e sçauoit, il respondoit par ce qu'il
e voudroit, de mesme le Docteur dit
que Guillaume sera tousiours son va-
et, par ce qu'il le voudroit aussi: mais
aussi tost que i'auray mis mon pied sur
e Theatre en qualité de Comedien,
e ne mettrois pas seulement vne es-
pingle à son collet.

TVRL.

Va Guillaume, tu vaux mieux qu'-
vne des perles de Cleopatre, touche là,
ie veux contracter alliance perpetuel-
le auec toy? tant y a qu'à ce que ie voy
tu veux auoir part au gasteau.

GVIL.

Tu serois ignorant *in superlatiuo
gradu*, si tu le croyois autrement, s'il
e trouue vn teston pour vn quart d'es-
cu en ma part, ie veux qu'on mette
deux liards dessus, pris sur le commun
autrement point de Guillaume.

TVRL.

Tu as raiſon, i'ay la meſme reſolutió
& le meſme courage que toy, & ce qui
m'a retenu de grincer les dents , c'eſt
la crainte que i'auois que tu ne te laiſ-
ſaſſes enioler par ta maiſtreſſe.

GVIL.

Tu te trompes , elle eſt mon conſeil & mon ſupport , & quand cela ne
ſeroit pas, ma ceruelle eſt ferrée à glace , & ma reſolution eſt crampon-
née.

TVRL.

Voila qui va le mieux du monde
tien bon, pour moy ie ſuis traitté de
Boniface côme tu l'ais de ta maiſtreſſe : mais la mienne eſt vn demon inſpi-
ré des abbois de Cerbere, qui a plus de
malice contre moy que les Guenons
n'en ont contre les Laquais. Tu ſçais
bien qu'on s'aſſembla hier au logis de
ton maiſtre où l'affaire fut reſoluë &
qu'on

qu'on receuſt en la compagnie Monſieur de Beauchaſteau, ie croyois que tu y aurois eſté appellé, mais i'ay ſçeu le contraire par mon maiſtre & qu'on n'y parle de nous qu'en tiltre de ſeruiteurs pour qui on s'eſt promis de nous faire paſſer moyennāt quelques petits goges, que nos maiſtres ſe promettent encor de retirer pour nous.

GVIL.

Ma maiſtreſſe m'a fait le meſme rapport, mais ie luy ay fait voir que la ſterilité des fruicts dement bien ſouuent l'abondance des fleurs? & qu'il faut auoir de bons yeux pour prendre des cirons à la Lune.

TVRL.

Guillaume, ſçais tu que nous ferons, allons nous promener & faiſons recognoiſtre à ces Meſſieurs la neceſſité qu'ils ont de nous, tenons ferme & tu verras des merueilles.

G

SCENE TROISIESME.

CAPITAINE. BELLEROSE.

CAPIT.

Ie m'esbahis que i'aye peu tant pro-
phaner mes pas que de les employer à
la recherche de personnes d'vne si vile
condition , & m'estonne encor plus
comme les ayant trouué ie me puis
empescher d'en faire de la poussiere.

TVRL.

Il y a bien plus de subiet d'estonne-
ment de vous voir si long temps pratiquer des folies qui ne se peuuent
croire que par les yeux ; Monsieur le
Capitaine changez de quartier , vous
estes trop cogneu en celuy-cy , atten-
dez de faire vos rodomontades que

vous foyez fur le Theatre, & vous
fouuenez que fans moy Mathieu le
Crocheteur vous euft dernierement
fur le pôt aux doublesreduit au poinct
de ne faire iamais peur aux vieilles
femmes.

CAPIT.

Ha! Cefar, Pompee, Alexandre,
Scipion, Annibal & tant de memora-
bles Heros, à la valeur defquels i'ay fi
dignement fuccedé, faut il pour le
peché de mon bifayeul qui fit refus de
combatre quatre Geans enfemble,
que l'excrement de la terre, que l'ef-
cume de la nature & le limon de la
poltronnerie ayt feulement ofé pen-
fer defoüiller mes oreilles. O glorieu-
fe efpee qui n'as iamais tiré que le
fang des genereux Cheüalliers, faut il
que ie te prophane maintenant.

GVIL.

Capitaine, parlez en homme de

iugement & non pas en demoniaque,
remettez voſtre eſpee au fourreau de
peur que vous aſſembliez icy les petits
enfans. Alez, nous ne dirons rien de
voſtre folie, mais deuenez ſage &
nous laiſſez auec le plat de voſtre me-
ſtier que vous nous auez donné? Nous
ſupporterons noſtre part de vos iniures comme le clabaudis d'vne mutte
de chiens courans qui attend la curee
pourueu que vous quittiez ces vanitez de grimaces & refroignemens de
nez.

TVRL.

Ouy, ſinon nous vous enuoyerons
trouuer Ceſar, Pompee, & tous ces
autres Capitaines dont vous nous
auez parlé.

CAPIT.

Monſieur de Belleroſe, permettez
moy d'aller querir les armes dont i'ay
accouſtumé de me ſeruir contre de

celles canailles.

BELL.

Est il possible, mes amis, que vous ne puissiez prendre en patience vostre part du plaisir de cest homme, le cognoissant si bien que vous faites, & si necessaire à la compagnie en laquelle ie croy que vous auez volonté d'entrer, où il seroit besoin pour rendre la chose accomplie que chacun pour representer sa partie auec moins de peine de l'estude, & plus d'apparence de la verité, eust comme luy les inclinations & actions naturelles. Nous auons tous nos deffauts, & c'est ce qui nous oblige de nous supporter les vns les autres, le vice du Capitaine n'est pas des plus grāds, car pourueu qu'on le laisse tant soit peu respirer ceste fumee de son opinion il se rend le plus cōplaisant hōme du monde. Il est vray qu'il graue les loüanges qu'on luy dō-

ne ſur l'airain, mais quelques iniures
qu'on luy faſſe il ne les marque iamais
que ſur l'eau. Au reſte nous eſtions
deputez luy & moy pour vous cercher & pour vous faire entendre com.
me nous fiſmes hier noſtre aſſociatió
touchant la compagnie dont nous a-
uons ſouuent parlé, dans laquelle vous
auez eſté retenus comme neceſſaires
ſelon les intentions de vos maiſtres,
leſquels ont fait voſtre condition telle qu'ils l'ont deſiree, & parce qu'on
eſt maintenant ſur la diſtribution des
roolles, il faut que vous veniez receuoir les voſtres, afin de vaquer deſormais à l'eſtude pour eſſayer noſtre premiere piece au pluſtoſt.

T V R L.

Monſieur de Belleroſe, ie ne ſçay
pas l'intention de Guillaume, mais
pour moy ie me viés d'enrooller auec
vn Capitaine des gardes, qui m'a fait

l'honneur de me preſenter vne hale-
barde.

G V I L.

Et moy ie viens de donner parole à
vn Seigneur Alleman de le ſuiure en
qualité de maiſtre d'hoſtel.

B E L.

Ouy, mais comment l'entendez-
vous?

T V R L.

Que vous cercherez vn Turlupin.

G V I L.

Et vn Guillaume.

T V R L.

Pour eſtre valets de voſtre compagnie.

B E L L.

Iamais nous n'auons penſé à vous
receuoir en qualité de valets.

G V I L.

Et encor moins en celle de compagnons.

BELL.

Vos maiſtres ont creu pouuoir diſpoſer de vous.

TVRL.

Et ie suis aſſeuré.

GVIL.

Et nous ſommes aſſeurez.

TVR.

Que nos maiſtres ſe ſont trompez.

BELL.

Quoy, parlez vous tout de bon.

GVIL.

Pour moy ie vous dis, ie vous le promets, & ie vous l'aſſeure, qu'il n'eſt pas plus vray que vous eſtes Belleroſe, qu'il eſt certain que ie ne ſeray pas Guillaume le Comedien, ſous vn autre tiltre que ſous celuy de compagnon.

TVR.

Et moy ie vous aduertis, ie vous certifie, & vous le iure, que ſi toutes
les

les defpoüilles de tous les Theatres du monde m'eſtoient offerts de la propre main de Rofcie pour engager vn de mes ongles à la Scene fans participer au dernier tournois de la caſſette ie ne les accepterois pas ; en deux mots Monſieur de Bellerofe, Guillaume & moy ne fommes pas des enfans.

BELL.

Ha ! ie voy bien la maladie , vous voulez tirer part, & non gages, parlez franchement?

GVIL.

Voila l'affaire, c'eſt article accordé ie quitte l'Allemagne & la maiſtriſe.

TVR.

Et moy, c'eſt article mis en difficulté, ie m'en vay dreſſer des bataillons quarrez.

BEAVCH.

Monſieur, i'ay charge de la com-

H

pagnie de vous cercher pour vous
prier d'amener Turlupin & Guillaume, afin qu'ils recoiuent leurs roolles
auec nous.

TVR.

Monſieur de Beauchaſteau, en l'o-
pinion que vous eſtes que mon cama-
rade & moy ſerons de voſtre troupe, quand ce ſeroit que pour honorer le Theatre, il me ſemble que
vous ne retrancheriez rien de l'honneur de perſonne en nous donnant du
Monſieur.

GVIL.

Honneur que nous allons receuoir
de ce pas dans des nouuelles conditiós

TVR.

Ce nom là ne me peut manquer:
Car ordinairement les Sergents d'vne
compagnie ſont plus craints & plus
reſpectez des ſoldats que les Capitaines à cauſe de ceſte pointe de hallebar-

de qu'ils voyent si souuent passer deuant leurs nez.

GVIL.

Y a il rien de si aymé, de si caressé ny de si craint dans la maison d'vn grand qu'vn bó maistre d'Hostel? On n'entend autre nom dans les offices que celuy de Monsieur le Maistre. Chacun le carresse, les tard-venus au disner de Monsieur luy protestent qu'ils ayment mieux sa table que celle de Monsieur, pour l'obliger à leur part des retailles de son reseruoir; & tousiours du Monsieur, les passeuolans ou suruenans, à parler honnestement ne sçauent en quelle posture se mettre pour nous obliger à leur faire bon visage; & n'y a pas iusques aux Poëtes qui ne nous honorent, iusques à faire des vers à nostre loüange, & tousiours du Monsieur, les Officiers, les Pages & les Laquais tremblent de

uant le Maiſtre d'Hoſtel, & ont touſ-
ſiours le nom de Monſieur en la bouche. Ha, ha!

BAVCH.

Monſieur Guillaume, excuſez moy
ſi i'ay oublié vn mot que ie n'ignore
pas qui ne vous ſoit deu meritoire-
ment.

GVILL.

Ha, ha, Beauch. Mais la familiari-
té d'entre vous, Monſieur Turlupin
& moy me fait parler ſelon ma franchiſe accouſtumee, cependant vous
m'apprendrez s'il vous plaiſt l'vn &
l'autre à quoy tendent ces diſcours de
Sergent & de Maiſtre d'Hoſtel.

BELL.

Il n'y a qu'vn mot, c'eſt que ſur l'e-
ſtabliſſement que nous auons fait de
noſtre compagnie, ces Meſſieurs en-
tendoient d'y entrer comme compagnons de part, & non de gages.

BEAVCH.

Pour moy, i'eusse trouué leur demande iuste, s'ils la fussent venu faire eux mesmes.

BELL.

Toute la faute vient de l'auarice de leurs maistres. Or sus il y a bon remede, ie vous donne dés maintenant mon consentement & ma voix à vos intentions.

BEAVCH.

Ie suis de vostre opinion. Mais il faut faire la reconciliation d'entre Mad. Gaultier & Monsieur Turlupin.

TVRL.

N'estant plus son seruiteur toutes ses actions me seront indifferentes dás nos exercices, elle a l'action, la parole ou le mouuement du corps meilleurs que moy, ie tascheray de me former sur elle, bien que quelque peine que

puisse prendre le meilleur Acteur du
monde on donne tousious l'aduantage aux femmes.

GVIL.

Il est vray , i'estois l'autre iour à
l'Hostel de Bourgongne , ou i'enten-
dois mille voix, dont les vnes disoiét,
ha, que voila vne femme qui iouë bié,
& les autres celle là fait encores mieux

BELL.

Or ça Messieurs ne perdons point
de temps , Monsieur de Beauchasteau
& moy allons voir d'accómoder l'affaire au poinct que vous la desirez.

TVRL.

Et nousirons cependant entretenir
nos nouuelles conditions , au cas que
l'iniustice ne voulust pas ceder à la
raison.

GVIL.

Et de peur de dèmeurer à pied entre
deux mulets.

ACTE TROISIEME.

MAD. GAVTIER, MAD. BONIFACE,

M. GAV.

NE vous difois-je pas bien, que mon Docteur, fe ietteroit fur les reprimandes, il n'y euft hier fortes de grimaces ny d'iniures dont il n'vfaft contre moy pour m'eftonner fur le fubiet de la promenade que nous fifmes, & comme s'il euft pluftoft efté mon tuteur que mon mary, il me prefchoit la prudéce de laquelle il me difoit qu'vne femme s'efloignoit grandement lors qu'elle fe licentioit aux promenades, que cefte façon de faire eft vne vie tumultueufe, qui ne peut paffer fous aucune partie de la

prudence, & que ce n'eſt qu'vn tra-
cas d'eſprit agité, adiouſtant que les
inuentions que nous fourniſſent nos
paſſions trouuent l'vſage des choſes
que nous iugeons bonnes : mais que
la prudence doit diſpoſer de l'vn & de
l'autre, puis ſe iettant ſur la continence, il me dit qu'entre les vertus dome-
ſtiques la femme doit cercher la loüange de la continence, pourſuiuant
que l'vſage ne doit iamais s'attacher
aux voluptez, & que comme le bois
nourrit le feu, la penſee entretient les
deſirs, leſquels eſtans bons dit le cha-
ritable Gaultier, allument le feu de la
vertu ; & eſtans mauuais embraſent
celuy du vice. Il me conte mille telles ſotiſes & me les donne pour argēt
comptant, cōme ſi vne ieuneſſe pouuoit ſe payer en pareille monnoye, ie
me ſuis ſouuent reſoluë de ne rien reſ-
pondre à ſes inepties: mais il m'eſcha-
pa hier

pa hier de luy repartir auec tant de re-
folution que ie le penfay mettre tout à
fait hors de fon droit Ciuil, & pour
conclufion ie luy demáday comment
il croyoit viure deformais dans la profeffion que nous allons embraffer, où
la conuerfation fe pratique auec tant
de liberté qu'on tient pour yn prodi-
ge la moindre action dedaigneufe d'v-
ne femme de Theatre.

M. BONI.

Ie l'euffe encor preffé de plus prés
fur les occafions qui fe prefentent fouuent dans les fubiets, que les maris font
contraints de voir baifer leurs femmes
à leurs compagnons. Ha! qu'il faudra
bien que le compere s'accouftume à
tout, pour mó Boniface il ne me tourmente gueres de ce cofté là, mais fon
auarice eft tellement infupportable
qu'elle me met fouuent hors de moy
mefme, ie ne puis rien auoir de luy

I

que par inuention.

M. G A v.

A ce que ie voy nous sommes toutes
deux pourueuës fort auantageusemét:
Mais ma commere, que faire à cela.

M. B o n i.

Pour moy, ie suis d'aduis que nous
pratiquions le vieux prouerbe, qui dit
qu'on doit remedier aux accidens par
les choses qui leur sont contraires.

M. G A v.

Ouy, Mais vous n'aurez pas tant
de peine que moy : Car la ialousie o-
stant la raison à l'homme, elle luy oste
aussi le moyen de guerir.

M. B o n i.

Chacun estime son tourment plus
grand que celuy des autres, mais in-
formez vous bien, & vous apprendrez qu'il n'y a point de captiuité plus
seuere que celle de l'auarice, laquelle
fait fermer les yeux à la verité, à l'hon-

nesteté & aux loix, l'auarice est vne
hydropisie spirituelle, & l'auaricieux
est tousiours meschant & trompeur,
car il a l'ame venale, la jalousie n'est
qu'vn effect de l'amour, c'est vne peur
de perdre la chose aymee, & ceste
peur asseure l'épire d'amour, qui n'est
pas estimé vray sans jalousie.

M. GAVL.

Cependant rien n'engendre tant la
haine que la jalousie, quoy que selon
vostro dire, elle ne soit qu'vne violence d'amour. Ie sçay bien qu'vn auaricieux ressemble à vn coffre qui reçoit tout ce qu'on met dedans, & ne
se peut seruir de ce qu'il a ; & le plus
souuent ses thresors tombent és mains
de ceux ausquels il pésoit le moins: par
plus forte raison vne femme accorte
comme vous estes se peut preualloir
d'vne chose où vous auez vn si iuste
interest, & que le droit & la nature

vous ont defia comme acquis. Mais
que peut on gagner auec vn jaloux à
qui le vent mefme nuit, & à qui les
cédres du foüyer font fufpectes. Quoy
que puiffe faire vne femme d'efprit &
vertueufe qu'elle foit, la ialoufie de
fon mary la fait toufiours regarder de
trauers : mais on promene en triomphe celles qui peuuent s'approprier les
referües de l'auarice des leurs. C'eft vn
doux fcandale qui trouue fa reparatió
dans le filence & dans la honte de celuy qui la receu, c'eft vn crime qui fe
pardonne par la feule confideration
qu'a l'auaricieux de ne s'ofer plaindre
de fa perte, laquelle il a toufiours efpe.
rance de recouurer en vne nouuelle
efpargne. Mais où vont fi vifte ces
Meffieurs.

BELL. BEAVCH.

BELL.

Ie croy Mefdamoifelles que vous

concertez icy vos roolles.

M. BONI.

Mais pluſtoſt nous conſultons les moyens de nous deliurer de deux grãdes apprehenſions, qui nous trauaillent auec beaucoup d'excés.

BEAVC.

Si nous ne croyons d'offenſer voſtre bon iugement nous eſſayeriós dé vous y ſeruir de noſtre conſeil.

M. GAVL·

Le mal de ma commere eſt facile à ſoulager: mais ie tiens le mien incurable.

BELL.

Seroit-ce point eſtre trop curieux d'en vouloir apprendre les ſubiets?

M. BONI.

La choſe eſt ſi cognuë qu'elle ne peut plus eſtre tenuë pour ſecrette, & quand elle le ſeroit ie vous tiens ſi hóneſtes & ſi diſcrets que ie ne craindray

pas de vous la dire au moins pour ce
qui me regarde. Sçachez Meſſieurs
que ie ſuis attachee à des chaines ſi du-
res qu'il n'y a rien de ſi digne de com-
miſeration que ma captiuité: Car outre vne infinité d'incommoditez &
d'iniures que ie ſuppoite dans mó mariage, l'auarice de Boniface eſt par-
uenuë ſi auant qu'il me laiſſeroit viure
d'air & de pouſſiere, & me feroit ve-
ſtir de feüilles ſi ie ne recourois à l'aſ-
ſiſtance de mes amis; & ceſte honte le
touche ſi peu qu'il ne ſe ſoucie pas ce
que mó corps deuienne pourueu que
ſon eſprit ſoit ſatisfait. Ie me ſuis touſiours contenuë dans la condition de
marchande, où ie trouuois ſouuent
des petites occaſions de reparer mes
deffauts, A quoy toutesfois ce meſchant Turlupin qui m'a touſiours tra-
uerſee, m'eſtoit ſi contraire que i'auois
plus de peine à cóbatre ſa malice qu'à

deceuoir la vigilance auaricieuſe de mon mary, & les plus grands excés de ſa deſpence eſtoient à l'entretenement de ce deſloyal ſeruiteur, non tant pour conſeruer le ſoing de compter mes morceaux, & d'empeſcher que ie ne donnaſſe quelques coups de ciſeaux dans les paquets de la boutique. A le maiſtre & le valet eſtoient ſi atten‐ tifs qu'il n'y auoit pas vn ſeul coupon de marchandiſe qui ne fuſt marqué ſur l'entaille, tout m'eſt donné dans la deſpence ordinaire du meſnage par poids, par meſure & par compte, meſ‐ mes iuſques aux allumettes. Voyez donc ſi i'ay raiſon de me plaindre, & ſur tout maintenant que ie dois auoir quelque ambition de paroiſtre ſur le Theatre auec les ornemens conuena‐ bles aux perſonnages tantoſt d'Impe‐ ratrice, tantoſt de Reyne, à quoy ie ſçay bien que ceſt auare vieillard ne

fera pas de difficulté au lieu de drap
d'or frisé, de brocadel, de satin ou ta-
fetas à fleurs & autres estoffes de prix,
de me dóner du cuir doré ou quelques
estoffes peintes & chamarrees de clin-
quan faux, & au lieu de perles fines des
grains de Venise. Ceste apprehension,
Messieurs, diminuera de beaucoup
l'inclination & le courage que ie me
promettrois à l'estude & à l'aduance-
ment d'vne si belle profession que celle de la Comedie.

M. GAVL.

Ie disois à ma commere quand vous
estes arriué que selon mon aduis son
mal estoit facile à guerir par le seul remede d'vne bonne resolution, & qu'elle ne pouuoit estre que fort estimée
d'employer l'esprit au moyen & la
main à l'effet de sa deliurance, cela se
peut faire sans risque de l'honneur, &
le plus grand mal qui en puisse arriuer
c'est

c'est la honte qu'en pourra receuoir le
compere Boniface qui selon la coustume des auaricieux qui sont des per-
tes aimeroiét mieux se precipiter que
de se plaindre seulemét, mais il n'en est
pas ainsi de mon fait où il s'agist d'vne
ialousie si extreme que lors que nostre
Docteur void le moindre animal do-
mestique chez nous il se persuade que
c'est vn amant metamorphosé. Il n'y
a sorte de mauuais soufpçons qu'il
n'ayt conçeu contre le pauure Guillaume, parce qu'il le voit affectionné
à mon seruice, si ie tousse, il croit que
c'est vn signal amoureux, si ie regarde
à la fenestre, il estime que c'est vne as-
signation, si ie chante, il s'imagine
que c'est pour le ressouuenir d'vn
amy, si ie veille, il dit que les pensers
amoureux m'empeschent le repos, si
ie dors, il s'imagine que ie suis lasse de
promenades, si ie vay à l'Eglise, il croit

K

que c'eſt pour voir vn fauory, ſi ie n'y
vay pas, il dit que c'eſt pour l'attendre
au logis. Bref toutes mes actions luy
ſont ſuſpectes, trouuez vous dóc Meſſieurs que le mal de ma cómere puiſſe égaler mon affliction, i'aduouë
bien que les tourmens de nos maris
ont peu de difference : mais ce ſont des
cauſes qui produiſent dés effets bien
diuers. La plus noire auarice du monde ne peut opprimer que celuy qu'elle
poſſede : Mais la plus iniuſte ialouſie
d'vn mary donne des mauuaiſes im-
preſſions de ſa femme quelque innocence qui la puiſſe iuſtifier. Gaultier
ne me refuſe rien que la liberté, & ſi
ie voulois viure de perles, & m'habil-
ler d'or & de pourpre, il vendroit ſon
cours de droict & ſa robbe pour me
contenter s'il pouuoit, mais tout cela
n'eſt qu'vne priſon d'yuoire.

BELL.

Il me semble que ces extremitez d'humeurs & de passions mauuaises en deux maris si fascheux ne doiuent pas tant affliger ny estonner deux si iudicieuses femmes que vous, laissez tourmenter l'auarice & la jalousie & possedez vos vertus & vos beautez en patience.

M. GAV.

Ce mot de beautez appartient à ma commere.

M. BONI.

Ie vous cede en tout.

M. GAVL.

Mais en quelle apprehésion croyez vous que ie seray s'il me faut representer en vne piece, ou auec vn de la cõpagnie, & que le subiet nous oblige à des complimens qui passent iusques aux caresses, & des caresses aux baisers, comment croyez vous que cela diminuera l'asseurance de mes pensees, de mes paroles & de mes actions , & que sçay-je encor si la rage du Docteur ne passera point iusqu'à l'extremité, de luy faire representer au naturel les folies du Docteur Gaultier.

BEAVCH.

Madamoiselle, ie ne croy pas que Monsieur Gaultier ayt embrassé la profession de la Comedie, de laquelle il doit cognoistre mieux que nous la liberté sans auoir bien examiné la force de son esprit, ny sans s'estre resolu à tout ce que le soin particulier doit à l'interest public, & quand vn mouuement de trauers luy auroit fait commettre en apparence la moindre faute de celles que vous apprehendez auec subiet. La prudence de Messieurs nos compagnons en empescheroit bien les effets, tandis pour commencer à l'accoustumer & à le resoudre à vostre

liberté, il me semble que vous ne deuez point craindre d'vser librement
de vostre pouuoir dans les occasions
de l'honneste conuersation.

BELL.

Voila comme il en faut vser , &
pour l'auarice du seigneur Boniface il
n'y a rien de si facile que de luy donner vn frein, du moins en ce qui touche vostre contentement particulier
qui regarde l'interest general de la
troupe, qui reglera les vestements &
les ornemens du Theatre à des poincts
qu'il ne pourra disputer ny contrarier
qu'en se bannissans de nous , & lors
vous auriez subiet de faire esclater a-
uec la raison ce que vous auez caché
par la discretion. Et quant à Turlupin vous ne deuez plus craindre ses
embusches, car luy & Guillaume ont
secoüé le ioug de la seruitude estans re-
solus de n'entrer en la compagnie qu'é

tiltre de compagnons. Mais les voicy
tous, tenons bonne mine.

GAVL.

Et bien Madamoiselle, il vous fait
beau voir auec des hommes.

M. GAVL.

Que ne m'enfermez vous auec des
bestes.

BEAVCH.

Monsieur Gaultier, nous repas-
sions icy nos roolles.

BONI.

Il faut que vous ayez tousiours des
superfluitez en vos habits, à quoy seruent ces rubans, ces dentelles & ceste
broderie en vos gants, ces boutons en
vostre mouchoir & ceste poudre sus
vos cheueux ? tout cela diminuë ma
bourse.

M. BONI.

I'iray toute nuë si vous le desirez.

BELL.

Encore faut il honorer ſa condition, & ſçauoir que le meſpris s'atta-
che auiourdhuy plus à la nudité, que
la loüäge ne ſe tourne à la vertu. Mais
Meſſieurs ſçauez vous la reſolution de
Monſieur Turlupin & Guillaume.

GVILL.

Voila comme il faut parler, des
hommes d'eſprit.

TVRL.

Ouy, ouy, Nous ſommes icy pour
cela.

GAVL.

Turlupin m'a dit.

TVRL.

Monſieur Turlupin.

GAVL.

Son intention & celle de Guillaume.

GVIL.

Vous auez bien de la peine à prononcer ce mot de Monſieur.

BONI.

Monſieur Guillaume, & Mon-
ſieur Turlupin, vous ſerez ſatisfaits.

BEAVCH.

Puis que nous voicy tous aſſemblez,
ne perdons point de temps , demeu-
rez vous d'accord qu'ils partagét égal-
lement auec nous ?   Pour moy ie me
conformeray a vos opinions.

GAVL.

I'en ſuis contét , que regardez vous
tant de là ma femme ?

M. GAVL.

Ie regarde vn beau Gentilhomme,
qui me ſaluë en paſſant.

BONI.

Ie m'y accorde auſſi.

BELL.

Ie ſuis de voſtre aduis.

BEAVCH.

Et moy de meſme.

M. GAVL

M. GAV.

Ie le veux de tout mon cœur.

Or encor que Turlupin m'ayt tousiours persecutee, il n'y a rien de fait
sans la qualité de Monsieur, i'en suis
contente.

M. BELL.

Ie l'accorde de tout mon cœur.

MAD. DE LA FLEVR.

Et moy aussi.

BELL.

Où trouuerons nous maintenant le
Capitaine, pour auoir son opinion,
ha! le voicy à propos.

CAPIT.

Enfans ne craignez point.

GVIL.

Il faut dire Messieurs, ou nous vous
appellerons simplement Capitaine.

CAPIT.

Ie viens de passer la colere que
vous auiez esmeuë en moy, sur vn

L

lyon, deux tygres, & trois Geans, tou-
chez là, ie suis voſtre amy.

BELL.

Ces Meſſieurs ont reſolu d'auoir
part égale aux emolumens qui pro-
uiendront de nos exercices, y conſen-
tez vous? Nous trouuons que cela eſt
iuſte, & ne reſte plus que voſtre voix.

CAPIT.

Ie leur donne non ſeulement ma
voix, mais ie leur offre mon eſpee.

BEAVCH.

Il ne reſte plus donc que de paſſer le
contract de noſtre aſſociation.

M. DE BEL.

Mais il faut Meſſieurs que ma cô-
pagne & moy vous faiſions rire des
diſcours que nous tenoit tantoſt ce
melancolique de Philoſophe.

BEL.

Vous voulés parler de Brionte.

M. DE LA FIEVR.

C'est luy mesme, ie ne sçay si sa bóne mine pretenduë luy fait conceuoir quelque bonne opinion de moy, tant y a qu'il à voulu faire vn coup d'essay de son eloquence pour me destourner de la Comedie en presence de ma compagne, me disant que les yeux, les oreilles ny les desirs ne sortent iamais de nos assemblees auec toute leur pureté. A quoy i'ay reparty à ce nouueau Censeur, qu'il auoit tiré cest impertinent paradoxe du premier liure du Roman des Indes, qui sort d'vn Autheur aussi mal reglé que confus? Mais que s'il auoit pris la peine de voir les escrits de ces Messieurs, il auroit appris que lors que la veuë, l'ouïe ou l'affection sont offensees, c'est par leur imbecillité & non par le deffaut du Soleil, de la conuersation ou des obiets par lesquels ils conçoiuent l'amour ou la haine ; & quil falloit vſer des choſes pour en tirer de l'aduantage.

M. DE BEL.

Ie ne vis iamais vn Philoſophe plus reſtraint dans ſon impertinence que le pauure Brionte, à qui pour l'acheuer de peindre, ie dis qu'il ſçauoit mal l'inſtitution des Theatres, ou bien qu'il vouloit ſonder ſi nous en ſçauiós quelque choſe, ie luy ay allegué l'antiquité de Romule, lequel inſtitua les jeux de courſes qui ſe faiſoient à cheual appellez Circenſes, où l'on commençoit à repreſenter en partie ce que nous pratiquons auiourd'huy, & que les peuples celebroient ſur les Theatres l'honneur qu'ils portoient à leurs Dieux, par vne reſioüiſſance publique qui ſe faiſoit par tout & meſme aux champs.

Il eſt vray, & depuis on commence de repreſenter à pied & d'eſleuer vn peu les lieux deſtinez à la repreſentation, & de là eſt venuë l'inuention des Theatres. Mais comme ces exercices ſe faiſoient le plus ordinairement à la campagne, les citoyens & bourgeois des villes les demanderent dans les villes, & pour faire voir à ce pauure melancolique de Brionte que ſon eſprit eſt malade, dictes luy Meſdamoiſelles qué la Comedie a commencé chez les Grecs; & que les Atheniens du temps de Theſee furent ceux qui commencerent à donner la grace au Theatre, parce qu'outre leur inclination à ceſt honorable exercice leur langage eſtoit plus propre que celuy des Latins, le bon Brionte ne ſceut pas que Solon ayant recogneu le merite & l'importance de la Comedie l'introduit par ses loix , tant pour diuertir les peuples des factions , que pour les former aux bonnes mœurs.

BONI.

Ie me souuiens d'auoir leu qu'Aristofane, Alexandre , & vne infinité d'autres bons Acteurs de l'antiquité ont esté recompésez du public & des Iuges establis de tous les grands des Prouinces & des villes , pour iuger qui emporteroit le prix; & mesme les Romains representoient aux despens de la Republique.

CAPI.

Il faut que i'escorche cest excrement de Philosophie , qui blasme vne condition laquelle i'ay choisie comme celle qui est vn miroir vniuersel de tous les beaux exemples de la vie. Croit-il qu'autrement ie l'eusse embrassee. Scipion l'Africain duquel ie suy les traces , & son amy Lelius ont le bruit d'auoir compofé les Comedies qui font auiourd'huy fous le nom de Terence. Augufte a compofé la Tragedie d'Aiax, & ces grands Capitaines fe tenoient bien honorez d'eftre quelquesfois Acteurs.

BEL.

La Comedie auoit tant de priuileges alors, qu'il eftoit permis de nommer fur le Theatre les perfonnes qu'ó vouloit cenfurer, par ce que l'vtilité des actions Comiques eftoit pour la correction des vices : mais cela fut corrigé : Peut-eftre que voftre Philofophie fe fonde fur ce que Platon ofte la Comedie de fa Republique, mais le feigneur Brionte n'a pas veu que Platon en eft fort blafmé d'Ariftote, & de tous ceux qui ont efcrit depuis luy.

BEAVC.

A propos du merite & de l'anti-

quité de la Comedie, il me souuient
d'auoir leu que Liuinius Stolon estát
Tribun du peuple , les Romains
dresserent quátité de Theatres qu'ó
entouroit de feüillages, & c'est de là
qu'ils ont pris le nom de Scene à cause des ombrages qui est l'etymolo-
gie du mot Grec , qui signifie om-
brage. Et pour accabler nostre Phi-
losophe, qu'il appreuue que la premiere institution de la Comedie fut
sur l'intention d'exercer la jeunesse,
soit pour la dresser à la guerre , parce qu'on y pratiquoit les leçons de
l'art militaire, soit pour leur apprendre les gestes & maniment du corps,
& la dexterité des bonnes actions
qu'on y obseruoit soigneusement.
Valere le grand nous enseigne cela,
& que les Romains cherissoient tant
ces exercices qu'ils y ioignirent ceux
de la pieté en l'honneur de leurs
                                    Dieux

Dieux aux iours qui leur estoient
consacrez.

M. GAVL.

I'ay mesme appris que les Poëtes
de ce temps là, composoient à l'enuy
l'vn de l'autre sur les plus dignes su-
jets, & qu'ils tenoient à grand honneur de reciter leurs vers eux mesmes.
Ie croy que le premier qui commen-
ça fut vn Andronius Precepteur du
Consul Saluiator, lequel triompha des
Esclauons, apres luy Serenius se fit ad-
mirer en cest art. Et puis vint Neuius
qui composa la premiere guerre de
Carthage, ayda à la representer & fut
premier recompensé.

M. BONI.

Il me semble que ceux-là ont esté
suyuis de Plaute & Terence. Et qu'entre ceux qui ont paru ç'a esté Roscie
qui a excellé, il estoit ce dit-on natif
François, c'est luy qui enseigna Cice-

M

ron l'art de bien reciter vn difcours &
la maniere de bien compofer fes geftes.

T v R L.

Il eft vray, & Ciceron dit de luy au
troifiefme liure intitulé l'Orateur,
qu'il n'auoit iamais fi bien recité vne
chofe que Rofcie ne la peut encores
mieux reciter. De fon temps les Sena-
teurs alloient fouuent voir la Comedie comme des exercices honorables
& profitables, tenans ces reprefenta-
tions comme vne efchole pour apprendre l'art de fe bien exprimer au
rapport du mefme Valere le grand.

G v i l l.

I'ay ouy dire à mon Oncle Monfieur Chriftofle Bourdon le Poëte &
Medecin, que lors que Cefar, Pompee, Metellus & autres grands de leur
temps vouloient gaigner la faueur du
peuple, ils leur faifoient des reprefen

tations Comiques, chofe qu'il rece-
uoit à tres grand honneur , que veut
dont dire ce philofophe croté ie veux
aller difputer contre luy.

B E L L.

Mais Meffieurs, ie fuis d'aduis que
nous allions pouruoir à nos affaires &
nous preparer à fuiure les pas de tant
de gens d'honneur qui nous les ont
frayez, & que nons laiffions la Brionte & fa philofophie, puis que tant de
perfonnes qualifiées le dementent
auec tant de fujet. Allons repeter noftre premiere piece pour la donner
le pluftoft que nous pourrons au public. Tous dient, allons & entrent.

M ij

ACTE PREMIER,
QVI EST LE TROISIESME
de la Comedie en Comedie.

SCENE PREMIERE.

PILAME SEV

'Ay desia tournoyé mille fois sur mes pas,
Pour cercher vn chemin que ie ne trouue pas,
Mon logis n'est pas loin, ce Palais me l'enseigne,
L'obscurité m'êpesche à descouurir l'enseigne.
Hà! voicy le canal, ie suis hors de soucy,
Mais i'entens quelque bruit.

VOLEVRS.

Compagnons le voicy.
Malheureux rends l'espee.

FIL.

Ha! lasches de courage?
La vertu maintenant doit ceder à l'outrage.

VOLEVRS.

Tais toy, si tu ne veux pour appaiser ton mal
Que nous te faisions boire au fonds de ce canal.

FIL.

Ils le mettent tout nud.

Inhumains! voulez vous iusqu'au sang me
poursuiure.

VOL.

La bourse.   FIL.
Vous l'auez.

VOL.

Ils s'en fuient.

Va, nous te laissons viure.
Mais garde que tes crits ne fassent des efforts,
Sur peine desormais de viure entre les morts.

FIL.

A quoy me seruiroit de crier ny de plaindre?
Ces larrôs ne sont plus en estat de me craindre.

Le butin leur a mis des aisles aux talons,
Ils volent estans pleins ainsi que des balons,
Ma perte loin des miens me sera fort sensible,
Si faut-il toutesfois fleschir à l'impossible,
Et trouuer mon logis.

al. est à
fenestre
i parle à

CALISTE.

Monsieur iay veu l'excés,
Dont ie n'attendois pas vn si heureux succez,
Ces voleurs dont iamais l'ame n'est assounie,
Font voir souuent leur rage aller iusqu'à la vie
Ie rends graces au Ciel de vostre bon destin,
Que ces meurtriers se soient côtentez du butin.
I'ay regretté mon sexe au fort de cét orage,
Et si ma force eust peu seconder mon courage,
Mon secours se seroit ioinct à vostre valeur.

FIL.

Que ie me trouue heureux au poinct de ce
malheur,
Malheur qui me produit vn bien si desirable.
Bien si cher que le Ciel n'en a point de sembla-
ble,
Madame, ie n'ay point d'assez dignes accents,

Pour dire la douceur du plaisir que ie sens.

Que i'honore à bon droit ceste douce tempeste,

Qui me descouure vn Astre où ma gloire s'a-
preste,

Voleurs que mõ amour esmeut pour me fleschir

Vo° m'auez despoüillé, mais cest pour m'ērichir

Que ma perte m'obtient vne riche victoire !

Et que ma nudité me prepare de gloire !

Madame ie ne puis blasmer ces assassins,

Puis qu'vn si beau thresor me vient de leurs
larcins,

Et ie croy que le Ciel permet qu'ē leur rēcontre

J'aye veu vos beaux yeux que fortune me mō-
stre,

Pour soumettre mon ame à leur diuinité.

C A L.

Monsieur, si mon esprit pouuoit estre flaté,

Ce seroit au desir de soulager vos peines,

Et nõ pas au discours de vos loüanges vaines.

F I L.

Tout mon repos consiste en ce soulagement

Que vous me permettrez de viure en vous
aymant.

CAL.

Ie ne puis ny ne veux empeſcher que l'on
m'ayme.
Ie diſois vous voyant en cette peine extreme.
De ioindre mon ſecours à la neceſſté.

FIL.

Ioignez pluſtoſt vos ſoins à ma fidelité.

CAL.

Ie vous offre ma bourſe, & ne puis d'auan-
tage,
Si mes habits eſtoient propres à voſtre vſage,
Voſtre incommodité m'en fait tant reſſentir,
Que ie les quitterois, pour vous en reueſtir.

FIL.

Que de rauiſſemēs dont mon ame eſt ſaiſie!
Madame ie rends grace à voſtre courtoiſie.

CAL.

Adieu.

FIL.

Que ceſt Adieu me ſeroit inhumain,
S'il ne m'eſtoit permis de vous reuoir demain.

CAL.

CAL.

Tant que le Soleil tient sa face descouuerte,
Les hommes vertueux trouuët ma porte ou-
   uerte.
Retirez vous de peur d'vn second accident.
Adieu:

Elle se re-
tire & fer-
me sa por-
te.

FIL.

Mon beau Soleil tombe en son Occident,
Si faut-il que mon cœur maintenant s'euertuë
i'apperçoy mon logis au bout de cette ruë.

Il s'en va.

SCENE SECONDE.
Symandre Argant,
Serenade par Symamdre.

Ous dormez donc belle Maistresse,
Tandis que ie veille pour vous,
Trouuez vous le repos si doux,
Alors que le trauail me presse?
Le Cocq chante desia par tout,

N

sus, belle Caliste debout,

Pouuez-vous dormir de la sorte,
Et sentir quelque trait d'Amour
Sus, leuez vous il s'en va iour,
Ie me morfonds à vostre porte:
Le Cocq chante desia par tout,
Sus, belle Caliste debout.

CALISTE à la fenestre.

Coureurs, craignez-vous point les Chasseurs
de Venise?

SYMANDRE.

Ie ne crain que vos yeux, dont mon ame est
esprise:
Car bien que le Soleil n'ait point de feux plus
clairs,
Ie voy tousiours vn foudre en leurs diuins esclairs.

CAL.

Laissons à part mes yeux, ces esclairs & ce
foudre,
Et parlons d'vn malheur dont ie vous veu
resoudre.

S Y M.

Et ce malheur va-t'il iusqu'à vos interets?

C A L.

Il ne me touche point sinon par les regrets.

S Y M.

Il doit estre pressant, puis qu'il vous solicite,
Que n'en suis-je l'obiect!

C A L.

Vous estes hypocrite,
Ou bien vous me iugez propre à la vanité;
A demain, le sommeil m'oste la liberté.

S Y M.

Cruelle encor vn mot.

C A L.

L'honneur ne peut permettre
Aux filles de passer les nuicts à la fenestre:
I'acheterois bien cher le prix de ce bon - heur,
S'il faisoit seulement soupçonner mõ honneur.
Le sort qui ma conduit sur les bords d'Italie,
Ne veut pas que ma gloire y soit enseuelie

S Y M.

Madame, pardonnez au soin de mon amour;

N ij

Vostre honneur m'est plus cher mile fois que le
    iour,
Si ie l'auois troublé de la seule pensee,
La mort vous vengeroit de mon ame insensee,
Pardonnez derechef, à l'amoureux erreur.

ARGANT.

Mais Madme, commêt est venu ce malheur,
Dont vostre ame t'âtost se môstroit soucieuse?

CAL.

Ie me veux retirer, la vostre curieuse,
Pourra de Flaminie entendre ce discours.
Bon soir.

SYM.

Adieu mon cœur, ma Reine, mes Amours,
Pour le bien d'vn moment ma peine est infinie:
Helas! qu'en dites vous ma chere Flaminie?
Peut on voir vn Amant plus affligé que moy?
Ceste ingrate me fuit & resiste à ma foy,
Fidelle retirez mes esprits de leur doute.

FLAM.

Parlez bas, ma maistresse est tousiours à l'es-
    coute.

SYM.

Ie la trouue pourtant tousiours sourde à ma
    voix,
Depuis qu'Amour m'a mis au pouuoir de ses
    loix,
Ie n'ay peu respirer que parmy des rapines :
Pour vne seule fleur i'ay trouué mille espines.
La cruelle me fait souffrir à tous momens,
Sans que iamais mon mal touche ses senti-
    mens.
Quelquefois pour flater mon espoir ou ma
    crainte,
Ie croy que ces dedains sont formez de la
    feinte :
Et que pour affermir ma foy dans son aueu,
Elle veut esprouuer mon amour par le feu.

FLAM.

Remettons à demain vostre amoureux lan-
    gage.

ARG.

Mais ne sçaurons pour rien de ce fascheux
    outrage

Pour qui voſtre maiſtreſſe a receu du ſoucy.

FLAM.

Ouy. Sçachez qu'vn François paſſant tãtoſt icy,
Voulant, pour abreger, trauerſer ceſte ruë,
Quatre cruels brigands l'ont pris à l'impourueuë,
Et chacun contre luy faiſant tous ſes efforts,
Nous croions de le voir bien toſt entre les morts.
Apres vn long trauail ſa force diſſipée,
En fin il a falu qu'il ait rendu l'eſpee,
Et comme nous croions de le voir eſgorger,
L'horreur & la pitié nous ont fait deſloger:
Nous n'euſmes pas pluſtoſt quitté ceſte feneſtre,
Que Madame ſentit en ſon ame renaiſtre
Vn deſir de ſçauoir quel ſuccez auroit pris
Ce malheur, dont la peur trauailloit ſes eſprits.
Caliſte, s'eſtant donc aux feneſtres remiſe,
Nous auons veu paſſer ce ieune homme en che-
        miſe:
Et comme noſtre ſexe a ſouuent peur des morts,
Croyant que cet obiet fut l'ombre de ſon corps,
Madame derechef voulut quitter la place,
Alors que le François conſtant en ſa diſgrace,

Difgrace où paroiffoit encor la grauité,
Fit voir qu'il ne cedoit qu'à la neceffité.

ARG.

Mais encor, n'a-til fait aucune reffiftance?

FLAM.

Qu'euft il fait contre trois, armez de violence?

SYM.

Les voifins ont ils point accouru fur le bruit?

FLAM.

Chacun craint les voleurs aux ombres de la nuiĉt.
Les voix de tous coftez fe faifoient bien entendre,
Mais pas vn ne fe mit en deuoir de defcendre.
Madame, enfin croyant ce ieune homme bleffé,
L'appellant auffi toft que le bruit a ceffé
L'à de tout informé, lors eftant aduertie
Que la fureur s'eftoit au butin diuertie,
Diminuant fa crainte, & redoublant fa voix,
Elle s'eft toute offerte à ce ieune François.

SYM.

Mais dites moy fon port, fa figure & fa taille.
Calift. crie de fa chambre fans eftre veuë.
Flaminie.

FLAM.

On m'appelle , il faut que ie m'en aille.
Au raport de Caliste, il est plus beau qu'Amour.
Adieu.   SYM.
Bonsoir.   ARG.
Adieu, nous le verrons vn iour.

SYM.

Le mal de ce François secrettement m'attriste ,
Non pour son interest , mais parce que Caliste
L'a bien mieux ressenty que toutes mes douleurs :
Que n'ay je au lieu de luy rencontré ces voleurs!
I'eusse fait tant d'efforts aux yeux de ma farouche
Que ma gloire , ou ma perte, euessnt esmeu sa
     bouche.
Aux souspirs de l'amour, ou bien de la pitié,
Cher compagnon, voyez comme va l'amitié
Vn homme, qui iamais ne seruit ceste ingrate,
Qui n'a que des attraits dont nature le flate,
Et qui ne vit iamais l'amoureuse prison,
Y captiue Caliste , & trouble sa raison.
Retirons nous Monsieur, que vostre ame resiste
A ce penser ialoux : & croyez que Caliste
                              A beaucoup

A beaucoup moins d'amour que de seuerité ?
Et si son cœur deuoit flechir par la beauté,
Ce seroit en vous seul qu'elle en verroit l'image :
Les vertus, qui tousiours conduisent son courage,
Ont plustost échauffé son cœur de charité,
En faueur du François, que pour quelque beauté.

SYM.

Que vous cognoissez mal les amoureuses ruses !
Sous ombre qu'elle n'a pour moy que des excuses,
Vous croyez quelle quelle soit ainsi froide pour
tous ;

ARGANT.

Non, ie croy qu'elle n'a de l'amour que pour vous,
Allons, le iour venu, nous sçaurons des nouuelles.

SCENE TROISIESME.

POLION, TRASILE.

POLION.

Vand vous la vanteriez la plus belle
des belles,
Son humeur dedaigneuse en feroit peu
de cas :   O

Quãd vous auriez encor cent fois plus de ducats,
Quand vous la nourririez de Faisans & de
   Merles ;
Quand vous la couuririez de Safirs & de Perles ;
Quand vous feriez pourelle vn Roman de Chã-
   sons,
Vos fleurs ne luy seront iamais que des glaçons.

TRAS.

Tu me dis tes raisons ainsi que tu les songes,

POL.

Voulez-vous qu'on vous flatte auecque des men-
   songes ?
Ie diray que Caliste ardente à vous aymer,
Se ietteroit pour vous au peril de la mer,
Que rien que vostre amour à son desir ne touche
Qu'elle a tousiours le nõ de Trasile en la bouche

TRAS.

Que cela n'est-il vray ?

POL.

Mais c'est tout au rebours,

TRAS.

Si me faut-il pourtant mourir en ses amours.

POL.

Quittez pluſtoſt Amour, auant qu'Amour vous
 quitte:
Quãd vn vieillard le trompe, il fuit, & ſe depite,

TRAS.

Qu'appelles tu trompeur inſolent?

POL.

Quand le corps,
Combat contre le temps, pour faire des efforts.

TRAS.

Voicy mon beau Soleil

POL.

Dont vous eſtes l'obſtacle,

Il parle bas.

TRAS.

Polion que dis tu?

POL.

Ie dis que ce miracle,
Arriue par hazard, & non auec deſſein.

TRAS.

Tais toy traiſtre.

POL.

Pourquoy?

TRAS.

Tu me perces le sein,
Meschant si ie te puis.

CAL.

Bon iour seigneur Trasile,
Mais comment allez vous si matin par la ville?
Vn homme de vostre aage a besoin de repos.

POL.

Et bien, ne voila pas approuuer mon propos?

TRAS.

Madame vous iugez à rebours de mon aage,
Mon courage, & l'Amour dementent mon vi-
sage,
Le trauail, non le temps à blanchy mes cheueux,

POL.

Ouy, mais ses petits fils ont desia des neueus.

TRAS.

I'ay toute la vigueur de mes ieunes annees,
Mais parlons de l'Amour & de mes destinees:
Me voulez vous tousiours abuser de l'espoir?

CAL.

Vous voulez vous tousiours tourmenter pour me
voir?

TRAS.

Pourquoy me trompez vous d'vne vaine apparence ?

CAL.

C'est pour mieux arrester vostre fole esperance.

TRAS.

Ha ! c'est trop m'affliger, inhumaine beauté.

POL.

S'il auoit le pouuoir comme la volonté ! *bas.*

CAL.

L'esclat de vos vertus reluit bien en mon ame,
Mais ie suis insensible à l'amoureuse flame.

POL.

Voila de ses deffaux les tesmoins rigoureux, *bas.*

CAL.

Ie ne puis m'attacher aux soucis amoureux.

TRAS.

Ma foy, de vos desdains est donc recompensee ?

CAL.

Vous appellez desdain, l'effet de ma pensee, *Elle se met*
Monsieur, croyez qu'Amour ne me peut animer, *vn peu en*
Et quand il le pourroit, Ie ne vous puis aymer. *colere.*

O iij

POL.

Les vieux arbres souuēt sont atteins par le foudre:

TRAS.

Il faut donc desormais à la mort me resoudre?
Que n'ay-ie fait naufrage au voyage d'Arger!
Aurois-ie deſſus l'onde euité le danger,
Pour mourir dans l'ardeur d'vne cruelle flame?
Ma vie, mes amours, mon petit cœur, mon ame,
Aymez voſtre Traſile, & prenez tous ſes biens.

CAL.

Ie ne puis m'engager aux amoureux liens:
Pour Dieu n'en parlons plus.

POL. *parle bas.*

Ha vieillard miſerable,
Amour veut que chacun recherche ſon ſemblable

SCENE QVATRIESME.

FILAMB.

Oicy l'Astre où ie trouue vn si doux
    ascendant,
Que ie dois bien cherir le fatal accidĕt,
Qui me fit rencontrer ceste lumiere saincte.
POL. parle bas.
Que voicy pour mon Maistre vne fascheuse at-
teinte!

FIL.
Soleil de mon destein ie reuiens glorieux,
Remettre ma fortune au pouuoir de vos yeux.   *Il la baise.*
POL. parle bas
Icy mon Maistre sent vne forte amertume!
CAL.
L'Italie Monsieur condamne la coustume,
De mesler le baiser parmy les complimens,
Sur tout Venize en fait de mauuais argumens,

Il faut fuyr l'abus car comme la vipere
Change en subtil poison les fleurs qu'elle digere,
Ainsi les actions des esprits les plus sains
Sont prises de plusieurs pour des mauuais desseins.

TRAS.

Les baisers de tout temps en ceste Repub'ique
Retranchent à l'Amour son pouuoir tyrannique

CAL.

I'entens bien, vous voulez offencer vos amis,
Pour vn chaste baiser que l'honneur a permis.

TRAS.

Cet honneur qui permet qu'on s'attaque à la bouche,
Va de la bouche au sein, & du sein à la couche.

CAL.

Si ne vous estant rien, vous deuenez ialoux,
Que feriez vous alors que ie serois à vous?
Voltre thresor ne peut rien mouuoir en mon ame,
Mais voltre soupçon veut que i'euite le blasme.

POL.

Si l'Amour se pouuoit lier de chaisnes d'or,
Mon maistre rauiroit Angelique à Medor.

CAL.

CAL.

Monsieur, ie ne veux plus souffrir vostre inso-
lence,
Ma liberté s'oppose à vostre violence,
Estouffez vostre amour, & ne m'en parlez plus,

POL.

Mon Maistre, vne autre fois vous sçaurez le *caliste &*
surplus. *F. lame en*
trente.
Ie croy qu'elle vous aime & qu'elle fait la fine,
Pour vous mieux esprouuer, mais tenez bonne
mine.
Ma foy si vous l'auiez elle apprendroit souuent *Il dit ces*
deux vers
Que le bruit des vieillards ne produit que du vent.

TRAS.

Cruelle, ie voy bien que ton humeur volage,
Est morte à mon bon-heur, & viue à ton dōmage,
Mais puis que ton mespris suit la legereté,
Ie ne veux plus aymer tont ingrate beauté :
Peut estre que le temps soulagera ma peine
Mais helas ! ie ne puis quitter ceste inhumaine. *T. assise i'en*
vs.

POL.

Quand ie ne puis auoir du vin à mon repas,

P

Ie dis en m'irritant que ie ne l'ayme pas,
Mais si tost que le goust m'en reuient à la bouche,
I'en boirois dans la peau d vne beste farouche.

SCENE CINQVIESME.

Filame & Caliste entrent.

FILAME.

Adame, vous voyez ce que peuuent
vos yeux,
Ils embrasent les cœurs des ieunes &
des vieux,
Ce bon homme en ressent les blesseures extremes,
Mais ie laisse Trasile & parle de moy mesmes :
Ie ne puis rien cacher de mon intention,
Ie n'ay plus de repos que dans ma passion ;
Ie n'ay plus de trauail que durant vostre absence,
Ie n'ay plus de plaisir que dans mon esperance,
Ie n'ay plus de douleur que parmy mes soupçons,

Ie crains que mes ardeurs rencontrent des glaçons,
Ie crains que mon amour trouble voſtre penſee,
Ie crains que mon humeur vous paroiſſe inſenſee,
Et que voulant atteindre au Ciel de vos beautez,
Ie ne trouue l'enfer de mes temeritez.

CAL.

Vne ſi prõpte ardeur me ſemble vn peu ſuſpecte,
Auſſi vous crois-ie moins que ie ne vous reſpecte,
Sçachant bien que la foy des plus fermes amants
Eſclate moins au cœur, que dans les complimens.
Ie ne croiray iamais ſans flater mon viſage,
Qu'vn ſi petit ſuiect, touche vn ſi grand courage,
Ny que dans le moment d'vn rencontre hazar-
    deux,
Vne foible eſtincelle allume tant de feux,
Vous chãgerez d'auis n'ayant mieux apperceuë,

FIL.

Mon ame, en voſtre amour ne peut eſtre deceuë,
Non plus que mon eſprit ne vous peut deceuoir :
Vos yeux, qui ſçauent bien leur force & leur
    pouuoir
Font de leurs premiers traits des bleſſeures mortel-
    les,

Madame, retenez ces feintes criminelles :
Vous sçauez qu'vn bel œil a des charmes si forts,
Que par vn seul regard il fait tous ses efforts :
Et ie sçay que le vostre en imitant le foudre,
Consomme, disparoit, & reduit tout en poudre.
Ie me plais en ma peine & m'y veux consommer,
Si l'obiet de mon mal me permet de l'aymer.

CAL.

Mais qui pourroit aimer le subiect de sa peine ?

FIL.

Les vrais amans en font leur gloire souueraine.

CAL.

C'est releuer bien haut les amoureux appasts,

FIL.

L'esperance & la foy mesprisent le trespas.

CAL.

Chacun feint le mespris dedans son esperance,
Mais la foy de plusieurs n'est que dâs l'apparãce.

FIL.

Amour seul est tesmoin de ma fidelité.

CAL.

A Dieu nous le verrons.

FIL.

A Dieu chere beauté.

*Il la baif
& Siman
dre le void*

❧❧❧❧❧❧❧❧❧❧❧❧❧❧❧❧❧

SCENE SIXIESME.

Symandre, Argant.

SYM.

BElle ie vous surprens en vostre humeur
volage?

CAL.

Qui vous donne le droit d'vser de ce langage?

SYM.

Mon amour, que vos yeux cognoissent sans pareil

CAL.

Et qui seul me doit luire ainsi que le Soleil,
Symandre, ie voy bien que vostre erreur s'attise
De petits traits de feu que produit ma sottise,
Mais pour mieux euiter la rigueur de vos loix,
Croyez que ie seray plus froide vne autre fois.

N iij

SYM.

Vous ne fustes iamais pour moy que de la glace,
Rappelez ce beau fils, ie luy veux faire place.

rentre. A Dieu belle inconstante.

CAL.

Iam. sort. A Dieu le beau censeur.

Cest arrogant enfin tranche du possesseur,
Quoy ie ne pourray donc vser de ma franchise?

FLAM.

Symandre se promet.

CAL.

Que ie le fauorise,
Non, ie veux souueraine vser de ma faueur,
Il ne l'aura iamais non plus que ce resueur,
Qui me veut engloutir dedans son auarice,

FLAM.

Ce vous seroit Madame vn rigoureux supplice,
Que de vous voir reduitte au pouuoir d'vn espoux
Qui n'a plus de pouuoir que pour estre ialoux,
Mais ie croy que l'amour, s'il m'est permis Ma-
    dame,
Ne vous peut embraser d'vne plus belle flame

Que des yeux de Symandre, où la fidelité,
Dispute l'auantage auec voſtre beauté.

CAL.

Laiſſez à part les yeux & la foy de Symandre,
Vous m'en deſcouurez plus que ie n'en veux ap-
  prendre,
Voſtre condition doit borner vos diſcours :
Vous n'eſtes pas à moy pour regler mes amours.

FLAM.

Ie voy que voſtre eſprit trauaille pour Filame,
Ie crains qu'en ſe iouant il ſeduiſe voſtre ame,
Et que Symandre enfin ſi clairement cognu,
Ne perde ſa fortune en ce nouueau venu.

CAL.

Impudente, oſez vousme parler de la ſorte?
Vne iuſte colere à ce coup me tranſporte,

Elle leue la main pour la frapper.

FLAM.

Certes quand vous deuriez me reduire à la mort,
Ie ſouſtiendray Symandre. Et vous luy faites tort.

CAL.

Inſolente, apprenez à deuenir plus ſage.

Elle luy donne des coups

FLAM.

Ie feray ressentir quelqu'vn de cet outrage.

CAL.

Et moy ie regleray vos mouuements trop prompts,
Et sçauray si ie dois endurer vos affronts.

✿✿✿✿✿✿✿✿✿✿✿✿✿✿✿✿✿✿✿✿✿✿

SCENE SEPTIESME.

FAVSTIN.

STANCE.

Ve mon Maistre est cruel contre la foy
     promise,
     Et qu'il est inhumain
Que maudit soit le iour que ie vins à Venise,
     pour y mourir de faim.

Tu verras, disoit-il, des Citez plus superbes
     Vn miracle nouueau:

                Mais l

Mais ie n'y mange rien que des fruicts & des
    herbes,
        Et n'y bois que de l'eau.

Ce qui plus chatoüilla ma fole fantaisie
        A courir ce hazard,
C'est que ie creus la Mer estre de Maluoisie,
        Et le paué de lard.

Mon Maistre, qui sçauoit disposer mon courage,
        Me disoit, ha Faustin,
Tes moindres mets serōt Manestres au fromage,
        le soir & le matin.

Il me persuada, mais voyez ma folie,
        Que les chapons au ris,
Estoient aussi communs par toute l'Italie,
        Que les Choux à Paris.

Mon gosier qui desia croyoit estre aux partages
        De ce que i'auois creu :

Q

Me preſſoit de venir engloutir ces potages
Que ie n'ay iamais veu.

I'ay deſia pour fuyr l'horreur de la famine,
Vendu mes bons habits :
Maintenant il me faut diſner d'vne ſardine,
Et d'vn peu de pain bis.

Vn mangeur de dragons de qui la gourmandiſe,
N'a limite ny bout
Sçait ſi bien caioler mon Maiſtre & ſa fran
chiſe,
Qu'il nous deuore tout.

Cependant que Symandre eſt vers ſa courtiſan
à prodiguer ſes dons :
La faim me ſolicite à pouuoir comme vn aſne
Me ſouler de chardons.

L'eſcumeur qui le ſuit à rencontré le centre
Où butoit ſon deſir :

Mon Maistre le sçait bien, mais mes dents &
mon ventre
En ont le desplaisir.

Ie ne puis plus porter ces mortelles tempestes,
Quoy qui se puisse offrir:
Ie me veux descharger de la faim, que les bestes
N'ont peu iamais souffrir

ACTE QVATRIESME,

qui est le deuxiesme de la Courtisane.

CLARINDE deguisé en

FLORIDOR SEVL.

Ais qui me peut seruir d'affliger ma
    pensee,
Et de courir le monde, ainsi qu'vne in-
sensee?
Quel fruit dois-ie esperer du trauail de ma foy,
Pour chercher vn ingrat qui se moque de moy?
Ce trompeur ne peut estre esmeu de mon martyre
Car bien que ie luy die, il n'en fera que rire:
Mais ie le vois, bon Dieu! quel rencontre est-c
icy?

Ie recognoû Fauſtin.

SYMANDRE. FAVSTIN.

S. Y M.

Malheureux eſt- ce ainſi
Qu'vn loyal ſeruiteur accompagne ſon Maiſtre?

FAVS.

I'ay trop eſté loyal, ie ne le veux plus eſtre,
Cherchez vn ſeruiteur ie vous quitte demain.

S Y M.

Mais dequoy te plains tu?

FAVS.

C'eſt que ie meurs de faim;
C'eſt que depuis trois mois que ie ſuis à Veniſe,
Ie n'ay iamais changé qu'vne fois de chemiſe,
C'eſt que tous mes habits ſont engagez pour vous,
C'eſt qu'vn eſcornifleur me gourmande à tous
coups,
C'eſt que ie n'oſe plus entrer dans les tauernes,

C'eſt que tous les logis ſont pour moy des Cauer-
     nes,

C'eſt que l'hyuer arriue & que ie ſuis tout nu,

C'eſt qu'à faute d'argent vous n'eſtes plus cognu,

C'eſt qu'Argant & l'Amour vous donnent tant
     d'atteintes,

Qu'il faut que bien ſouuent que ie diſne par fein-
     tes:

Bref c'eſt que ie ſuis mol ainſi que du drapeau,

Et que preſque mes os ſont colez à ma peau.

FLOR. paroiſt.

Si ie ne ſuis trompé, ie iuge à l'apparance,

Pardonnez moy Monſieur, que vous eſtes de
     France.

SYM.

Vous ne vous trompez pas Monſieur, ie ſuis
     françois,

Et croy vous auoir veu dans Marſeille, autres-
     fois.

FLOR.

Iamais ie n'eus le bien de paſſer en Prouence,

SYM.

Dites moy s'il vous plaist où vous pristes naiſ-
ſance.

Voſtre nom, vos parens & voſtre qualité,

FLOR.

Monſieur vous en ſçauez la pure verité.

C'eſt maintenant qu'il faut employer l'induſtrie, *Il parle bas.*

Mon nom, eſt Floridor, Lion eſt ma patrie,

Mon pere eſtoit Banquier entre nos Citoyens

Moy, pour ſuiure l'honneur i'vſe de ſes moyens.

FAVS.

Ie dors, ou ie ſuis yure, ou ie ſuis ſans memoire

S'il ne m'a fait donner plus de vingt fois à boire?

Entre autre il me ſouuient de deux ou trois repas,

Non ſans doute c'eſt luy, ie ne me trompe pas.

SYM.

Mon valet ſe ſouuient touſiours de la cuiſine,

FAVS.

Il me faut bien ſouuent contenter de la mine.

Et ce qui plus me fache en ce dereglement,

C'eſt que ie n'oſerois en parler ſeulement.

S Y M.

Iamais mon iugement ne fut plus en defordre;

F A V S.

Et moy ie n'eus iamais vn tel defir de mordre.

S Y M.

Mon cœur plus que iamais d'eftonnement atteint,
Recognoit bien vos traits , mais non pas voftre
teint.
Toutes vos actions en mes fens ramaffees
Font vn fecret combat au fonds de mes penfees ,
Ie cognois voftre afpect, voftre voix & vos yeux,
Mais voftre nom m'eftonne , & me rend fou-
cieux.

FLOR.

En reuoyant l'obiect que vous me croyez eftre ,
vous cognoiftrez l'abus où l'erreur vous veut mettre.

F A V S.

Non non Monfieur c'eft vous.

FLOR.

Qui donc ?   F A V S.
Ie n'en fçay rien.

Ie ne

Ie ne m'en souuiens pas , mais ie vous cognoy bien.

SYM.

Plus mon esprit y court tant moins il s'en appro-
che ,

FLOR.

Ie croy que ce papier est tombé de ma poche ,
Ha, ie sçay bien que c'est, ce ne sont que des vers
Où l'Amour a depeint des effets bien diuers ,
Ie les eus d'vne Dame aux Alpes de Sauoye.

FAVS.

Monsieur, voulez vous bien que mon maistre les
voye.

FLOR.

Ie le veux de bon cœur.

FAVS.

Sont ce vers amoureux?

FLOR.

Ouy,

FAVS.

Qu'il y trouuera de plaisirs sa amoureux.

R

Sym. amaf se vn papie que Flor. a fait tomber de sa poch à dessein.

Vers leus par Symandre.

STANCES.

QVe sert à cest ingrat d'abuser trois mai
　　stresses,
S'il ne peut soulager les mortelles destresses
　　　Qu'il souffre nuict & iour,
Tandis que l'infidelle agite sa tourmente,
Celle qu'il estimoit sa plus loyale Amante
　　　Deteste son amour.

Qu'il achette bien cher sa beauté malheureuse,
Qui le fit si superbe & moy tant amoureuse :
　　　Si son contentement,
C'est quelque fois esmeu pour m'auoir subornee
Maintenant ie ressens de son triste hymenee,
　　　Vn doux soulagement.

Cest ingrat le sçait bien, & son ame pariure

Porte tousiours au cœur la peine de l'iniure,
    Qu'il fait à ma raison.
Ie sors de ses liens, & ma foy glorieuse,
Malgré sa cruauté parust victorieuse
    Sortant de sa prison.

Il ressent iustement l'horreur de son supplice,
Vn remords eternel punira sa malice,
    D'vn eternel ennuy,
Ainsi qu'il m'a trompé sa Dame est infidelle,
Le perside sçait bien qu'il ne se trouue en elle
    Non plus de foy qu'en luy.

Desia ceste beauté de qui son inconstance,
Veut dedans ses filets attirer l'innocence
    Regardant ma douleur :
Et voyant cet amant ennemy de sa vie,
Cognoit bien qu'elle doit estouffer son enuie,
    Pour fuir son malheur.

FLOR.

Et bien monſieur, ces vers ne ſont pas des merueilles;

SYM.

Ils ont bien mieux frappé mon cœur que mes oreil-
les,
Ie ne puis m'empeſcher d'auoir part au tourment,
Dont ie voy menacer ce malheureux Amant.

FLOR.

C'eſt eſtre trop ſenſible à la peine amoureuſe,

FAVS.

Ha! qu'il ne l'eſt pas tant à ma faim rigoureuſe?

SYM.

Mon valet plaint touſiours le repos de ſes dents,

FAVS.

Mes plaintes ne font pas mes mets plus abondans

SYM.

Monſieur on ne peut trop plaindre les miſerables

FLOR.

On ne peut trop auſſi chaſtier les coulpables,
Si l'Amant de ces vers qui vous touche ſi fort
Eſt pariure ou trompeur, vous le pleignez à tort

S Y M.

Les accidents souuent font les hommes pariures :
Que tes flames Amour me font souffrir d'iniures ! *Il dit ce vers à part.*

FLOR.

Peut-estre que ceux cy vous sembleront plus *Flor luy monstre d'autres vers. Sym les regarde & dit ces vers.*
doux.

S Y M.

Ie croy que ma fortune habite auecque vous.
Ces vers, estrange cas ! que ie ne puis comprendre,
Commencent par Clarinde, & suiuent par Sy-
mandre.

Autres vers leus par Symandre.

STANCES.

CLarinde, cessez vos regrets,
Consentez aux diuins decrets,
N'outragez plus vostre poitrine
Symandre souffre plus d'ennuy
Pour son infidelle Lucrine,

Que vous n'en ressentez pour luy.

FLOR.

Comment Monsieur, ces vers troublent vostre
    pensee,

SYM.

C'est vn ressouuenir d'vne douleur passee.

Suitte des Stances.

Il croyoit en ce changement,
Quelque plus cher consentement,
Mais ses amoureuses rapines,
luy font naistre tant de malheurs :
Qu'il ne trouue que des espines ;
Lors qu'il pense cueillir des fleurs.

Car ceste orgueilleuse beauté,
Ayant rauy sa liberté,
Et donné le frein à son ame :
La reduit en fin aux tourmens
De voir son impudique flame
Brusler pour des nouueaux amans.

Symandre, ne voyez vous pas
Qu'elle cherche voſtre treſpas,
Et que toute pleine d'outrage,
Son cœur s'eſt laſchement ſoumis
Pour trouuer l'effet de ſa rage,
Au plus loyal de vos amis.

Mais quel deſſein plus violent,
Peut ſuiure vn eſprit inſolent
A qui l'honneur ne peut ſuffire?
Lucrine deſpitant le ſort,
Suborne le bras de Zerfire
Pour mettre ſon promis à mort.

Tous ces miſerables ſuccez,
Ne peuuent borner les excez
A quoy voſtre malheur reſiſte:
Puis qu'encore vos cruautez
Taſchent d'enuelopper Caliſte,
Dedans vos infidelitez.

Symandre poursuit.

Caliste ! qu'est-cecy, que faut-il dauantage,
Pour peindre mon malheur, ma honte, & mo
   dommage ?

Il continuë les Stances.

Caliste c'est mal à propos,
De rechercher vn vray repos,
Dedans vne fausse victoire :
Vous suiuez l'amoureuse loy,
Pour vn perfide qui fait gloire,
De trahir l honneur & la foy.

Fuyez cet escueil dangereux,
Suiuez vn destin plus heureux,
Quittez ceste esperance vaine :
Clarinde vous sert de flambeau,
Pour vous retirer d'vne peine
Qui vous menace du tombeau.

Laissez

Laissez Symandre à la mercy
De la misere & du soucy
Où sa legereté le range :
Qu'il trompe encor mille beautez,
Lucrine luy rend bien le change
De toutes ses desloyautez.

Symandre. continuë

il pa- là
bas.

Vn esprit de vengeance ameine ce ieune homme,
A fin que derechef le regret me consomme.

FLOR.

Monsieur, ie me retire, affligé iustement,
Que mon rencontre ayt peu vous donner du tourmens.

SYM.

Non non, vostre rencontre a rémis dans mon
ame,
Vn doux ressouuenir, dont la gloire m'enflame
De desirs que mon cœur ne sçauroit conceuoir :
Et qui viennent pourtant du plaisir de vous voir,

S

Le subiect de vos vers est vn fait qui me touche,
Dont ie vous veux tantost esclaircir par ma bou-
  che.
Heureux de vous pouuoir confier mon secret:
Pardonnez moy Monsieur si ie suis indiscret.

FLOR.

Ha que me dites vous? A Dieu.

S Y M.

Ie vous supplie,
Sçachons vostre logis.

FLOR.

C'est au fol qui s'oublie
Ie n'y suis que d'hyer, mais encore fort tard,
Si ie le puis trouuer, ce sera par hazard.

S Y M.

Nous sommes donc voisins, ie loge à la mon-
  tagne,
Vous me permettrez bien que ie vous accompagne,
Nous disnerons ensemble.

FLOR.

Allons ie le veux bien,

Si c'est en mon logis.

SYM.

Non, mais plustost au mien.
Cest acccz nous rendra toute chose commune,

FLOR.

Ie rencontre à ce coup vne bonne fortune
Nostre aualeur d'acier ne m'empeschera pas,
D'vser de ma franchise à ce prochain repas. *Ils entrent*

SCENE PREMIERE.

ARGANT.

V peut estre Symandre, il faut voir
chez Caliste,
Hola. *Il frappe la porte*

FLAM.

Qui frappe?

ARG.

Amis.

S.ij

FLAM.

Ie deſcens,

ARG.

Elle eſt à
à ſeneſtre. Qu'elle eſt triſte!

FLAM.

Vous venez à propos apprendre mon ſoucy,

ARG.

Que fait voſtre maiſtreſſe!

FLAM.

Elle n'eſt pas icy.

ARG.

Mais qui vous peut facher? faites le moy com
prendre,

FLAM.

On m'a donné des coups, à cauſe de Symandre.

ARG.

Quiconque vous a fait ce ſoudain deſplaiſir,
S'en pourroit bien vn iour repentir à loiſir :
Mais tandis qu'à ce ſoin s'occupe ma penſee
Apprenez moy comment l'affaire c'eſt paſſee.

FLAM.

Vous ſçauez que tantoſt vous ſeparant de nou

Ma Maiſtreſſe n'a peu retenir ſon courroux.
Apres voſtre depart, i'ay voulu la reprendre
Du tort que ie croy ou eſtre fait à Symandre,
Et blaſmant ſon deſſein en eſleuant ma voix
I'ay preferé Symandre à ce nouueau françois.
I'ay ſidelle voulu remettre en ſa memoire
Les vertus de celuy dont elle a tant de gloire,
Luy remorſtrant l'erreur où gliſſoit ſa raiſon
De captiuer ſon ame au creux d'vne priſon,
Qui n'a point d'autre but qu'vne vaine eſperance,
Dont vn Amour volage eſt toute l'apparance;
Elle m'interrompant d'vn regard furieux,
La colere forma des eſclairs en ſes yeux,
Qui firent auſſi toſt eſmouuoir vn orage,
Sa menace ne peut arreſter mon courage.
Et retraceant Symandre à ſon cœur endurcy,
L'ingrate m'a fait voir qu'elle eſtoit ſans mercy.
En fin apres l'eſclair i'ay reſſenty le foudres
Et croy que ſans la fuitte, elle m'euſt miſe en
    poudre.

ARG.
Caliſte fait la fine, & maintenant ie voy,

Qu'elle rend les tributs à l'amoureuse loy.
Souuent celles qui font ainsi les reformees,
Feignent de n'aymer point, pour estre mieux
    aymees,
Mais ce dedain venant d'vn mespris orgueilleux
Ces subtiles enfin font le sault perilleux.
Ie crain bien que Caliste en accroisse le nombre,
La sotte, laisse vn corps pour receuoir vne ombre.
Or ie vay de ce pas trouuer mon compagnon,
Et pour l'amour de vous ie veux voir ce mignon.
Sçauez vous point son nom?

FLAM.

Il s'appelle Filame.
Sçachez qu'il doit tantost venir trouuer sa Dame
I'ay charge de l'attendre, & de le retenir,

ARG.

Infortuné Symandre, on te veut bien punir!
Que nous conseillez vous ma chere Flaminie?

FLAM.

Que cette ingrate soit la premiere punie.

ARG.

Mais comment ferons nous?

FLAM.

Ine faut feulement
Que la pouuoir furprendre auecque ceſt amant.
Vous la verriez alors beaucoup plus eſtonnee
Que ſi le fort l'auoit à la mort deſtinee.
Celles de ſon humeur ne veulent point de iour,
De teſmoins, ny de bruit, aux pratiques d'A-
    mour.

ARG.

Enfin que ferons nous?

FLAM.

C'eſt qu'il les faut ſurprendre,
Et voir leurs actions.

ARG.

Mais ie crain que Symandre,
Au lieu de paſſe-temps trouue du deſplaiſir,
Non non, il doit quitter ceſt amoureux deſir
Puis qu'vn autre que luy doit occuper ſa place.

ARG.

Ou les pourrons nous voir?

FLAM.

Dans cette ſale baſſe.

ARG.

Mais pour entrer dedans?

FLAM.

N'en ayez point de soing,
On ne manquera pas de m'ennoyer au loin
Lors vous poutrez entrer quand i'ouuriray
porte.

ARG.

L'affaire ne peut mieux aller qu'en ceste sorte,
Et si Caliste veut se facher contre vous,
Ie diray qu'elle a tort de se mettre en courroux,
Et que nous craignons peu l'effort d'vne chan
briere.

FLAM.

Allez doncques m'attendre à la porte derriere.

ARG.

A Dieu insqu'à tantost.

FLAM.

Argent *Mais vous ne monstrez pas.*
s'en va, &
Flaminie
rentre.

SCEN

SCENE DEVXIESME.

FILAME.

Amour, ie ne, crains plus la fureur du trespas,
Ta faueur me promet vne immortelle vie,
Ie pardonne aux esprits qui me portent enuie,
Les delices du mien surmontent leur raison,
Et ne peuuent trouuer nulle comparaison:
Ie vay voir la beauté dont mon ame est esprise,
Astre de mon Amour, conduits mon entreprise.

FLAM. à la fenestre.

Ie descens,

FIL.

Que mon cœur a d'estranges combats!

FLAM. parle bas.

Ie crains que quelque obstacle empesche tes esbats.

Il frappe à la porte de Caliste.

T.

Monsieur, voſtre Maiſtreſſe eſt allee en viſite

FIL.

La puis-ie ainſi nommer, ſans qu'elle s'en irrit

FLAM.

Ie croy que vous ponnez la nommer voſtre cœu
Puis qu'Amour par vos yeux, ſe trouue ſon vai
queur.

FIL.

Que ie ſerois heureux s'il eſtoit veritable !

FLAM.

Vous ne poſſedez rien qu'il ne luy ſoit aimable.

FIL.

Ie ne puis conceuoir toutes ces vanitez.

FLAM.

Elle cognoit aſſez vos belles qualitez.

FIL.

Mais c'eſt trop m'obliger à voſtre courtoiſie,

FLAM.

Ie ſuis fort peu courtoiſe, & m'auez mal choiſ
Pour ponuoir obliger vn tel homme que vous.
Pour qui i'ay ce matin.

FIL.

Comment?

FLAM.

Receu des coups.

FLOR.

Ie ne vous enten pas.

FLAM.

Ie dis que ma Maiſtreſſe,
Dont l'eſpoir inconſtant ſe trauaille ſans ceſſe,
Ayant laiſſé tantoſt mes ſeruices à part,
Ma rudement battuë apres voſtre depart.

FIL.

Mais en ſuis-ie la cauſe?

FLAM.

Ouy.

FIL.

Comment ie vous prie?

FLAM.

Quoy qu'il puiſſe arriuer, il faut que ie le die.
Sçachez que ma maiſtreſſe aymant le changemẽt,
Peut à peine garder quinze iours vn Amant,
Et que ce peu de temps n'eſt qu'vne violence;

T ij

Mais Monsieur, mon secret demande le silence.

FIL.

Vostre cœur, me le vient si franchement ouurir,
Que ie serois ingrat le voulant descouurir.

FLAM.

Maintenant, que son cœur abandonne Symandre
De qui l'amour l'auoit presque reduit en cendre,
La raison se dißipe en son nouueau tourment,
Et ne respire plus que pour vous seulement.

FIL.

Belle, il faut sur ce poinct que ie vous interrompe,
Vostre bouche me flatte, ou vostre esprit se
trompe,
Vne telle beauté, qui brusle tous les cœurs,
Qui ne me vist iamais qu'au pouuoir des voleurs,
Auroit en ma faueur de l'amoureuse enuie?

FLAM.

C'est en ce changement qu'elle passe sa vie,
Aussi tost que vos yeux auront fait leur effort
Des autres apres vous auront le mesme sort.
I'ay voulu ce matin d'vne voix innocente,
Pour luy monstrer l'abus de son ame inconstante

Luy dire que le iour d'vne rare beauté,
S'estouffe dans la nuit de l'infidelité :
Que toutes les vertus n'ont que fort peu de grace,
Où celle de la foy n'occupe point de place,
Et que comme vn nuage obscurcit les clartez,
L'inconstance noircit les belles qualitez :
Mais ie n'ay peu si tost acheuer ce langage,
Qu'vne gresle de coups n'ait pleu sur mon visage.

FIL.

Peut estre prenez vous vne subtilité,
Pour des traits d'inconstance, & de legereté.
Les Dames bien souuent feignent leur fantaisie,
Pour donner de l'amour, ou de la ialousie :
Enfin quoy qu'il en soit, certes il me déplait
Que vostre affection soit dans mon interest.

FLAM.

Non non, il ne faut pas que cela vous afflige,
Ny que pour mon subiet elle vous desoblige
Vous trouuerez bien tost dequoy vous affliger,
Et de iustes subiets de vous desobliger.
Possedez cependant vostre bonne fortune,

T iij

Et gardez vous sur tout qu'Amour vous impor-
tune :
Ie sçay que le desdain que Madame a receu,
Ne vient que du regret qu'on se soit apperceu
Que vostre amour sur elle exerce sa puissance,
Et sur tout, que Symandre en ait la cognoissance,
Comme il a veu pour luy des nouuelles ardeurs,
Vous trouuerez pour vous des nouuelles froi-
deurs.
Vous ne serez pas seul esclaue de sa ruse,
Ne penses pas Monsieur que ma voix vous abu-
se,
Elle sort du plus pur de mes ressentimens,
Dolente de la voir deceuoir tant d'amans
Mais ie la voy, silence.

aminie
itre.

parle à
J. disant
idame.

F I L.

Asseurez vous. Madame,
Ie soulageois icy mon amoureuse flame,
Flaté de mon espoir & de vostre retour,
Espris esgalement de soncis & d'Amour.
I'entretenois mes soins auec vostre seruante.

CAL. retourne.

Vous auez donc appris comme elle est insolente.

FIL.

Ie n'ay rien recogneu parmy ses actions,
Que des effects conceus de vos perfections.

CAL.

Vous la cognoissez mal,

FIL.

Les monstres indomptables
Auprés de vos vertus deuiendroient raisonnables.

CAL.

Vous me voulez flatter, Allons prendre le frais.
Flaminie?

FLAM.

Madame, elle m'appelle exprés
Pour me faire sortir, mais derechef ie iure,
Que ie me vengeray des coups & de l'iniure.

FIL.

Que ie suis glorieux auprés de ce tresor!

CAL.

Allés au cabinet garnir mes boutons d'or:
Et quand vous aurez fait, portez les chez Celite,

Flam est
appellee,
elle se met
à la fene-
stre Cal. &
Fil. entrent
dans vne
chambre
ils s'assee-
sur vn pe-
tis lict &
la chamb
demeure
ouuerte,

Mais allez en Gondole, afin d'aller plus viste.

FIL.

Ie n'y manqueray pas.

CAL.

Et bien que difiez vous
Maintenant de trefor?

FIL.

Que mon efprit ialoux,
De tant de qualitez que le voftre poffede,
Me dit que mon amour, eft vn mal fans remede.

CAL.

Voftre amour pourroit bien fe reduire à tel poinct
Qu'en le croyant bien prés, vous n'en trouueriez
point.

FIL.

Ma vie, & mon Amour ont borné leurs limites,
Du pouuoir abfolu qui vient de voz merites.

CAL.

I'ay fort peu de merite & fi i'ay du pouuoir,
C'eft de regler ma vie au poinct de fon deuoir.

FIL.

Le deuoit des vainqueurs, c'eft d'vfer de clemence
Enuers

nuers ceux que le fort foûmet en leur puiſſance.
CAL.
Lors qu'vn cœur vertueux s'eſt librement ſouſmis,
On vſe des faueurs que l'honneur a permis.
FIL.
Le mien, qui ſe ſouſmet à vos yeux adorables,
Ne veut point de faueurs qui ne ſoient honnora-
bles.
CAL.
Voſtre honneſte deſir ne ſe peut refuſer.
FIL.
Madame, commencez par vn chaſte baiſer.
FLAM.
Ie le veux bien, tout beau vous en dérobez qua-
tre.
FIL.
Mon ame pardonnez à ma bouche idolatre.
CAL.
Vous portez vn poignard, eſt-ce pour m'outra-
ger?
Vous entreprenez trop, ha! ie m'en veux venger. Fil. conti-
nuant à la

V

baiser plu-
sieurs sois
elle luy
prend vn
petit poi-
gnard
qu'elle voit
sortir de sa
poche.

FIL.

Tenez, voila mon sein, trauersez le mauuaise
Ie veux mourir, pourueu qu'en mourant, ie vo[us]
     baise.

CAL.

Soyez desormais sage & vous ne mourrez pas.

FIL.

Ie dois entre vos bras receuoir le trespas.
Helas ! que ceste mort me seroit glorieuse.

CAL.

Ie me pourrois alors dire victorieuse ;
Prenez vostre poignard, mais il vous faut pens[er]
A ne vouloir plus rien qui me puisse offencer.

FIL.

Que plustost mon d[e]ssein s'estouffe en ma pense[e]
Que si mon seul regard vous auoit offencee.

SCENE TROISIESME.

SYMANDRE ARGANT.

Ayant tousiours esté à la porte derriere de
la chambre durant les discours de Caliste & de Filame pour les espier, &
voyant que Filame tient le poignard
que Caliste luy a rendu d'vne certaine
façon, qu'il semble qu'il en veille frapper Caliste, ce qu'eux s'imaginant &
qu'il la veuille forcer, ils entrent l'espée
à la main: ce que voyant Caliste & crai-
gnant qu'ils ne se iettent de rage sur Filame, elle parle ainsi à Symandre.

CALISTE.

Genereux Symandre, autheur de mon
repos,
Helas! vous ne pouuiez venir plus à
propos.

V ij

Qu'à bon droit ie benis le Demon fauorable,
Qui me vient deliurer de ceſt homme execrable,
Qui pour executer ſon malheureux deſſein,
M'auoit deſia porté le poignard ſur le ſein.
Ce traiſtre, qui me fait ſentir tant d'amertume,
Abuſant des faueurs, dont i'vſe par couſtume,
Enuers ceux dont l'honneur guide la volonté,
Sans vous, m'alloit reduire à la neceſſité.
D'endurer le treſpas: pour guarantir mon ame
Des infames efforts de ſa lubrique flame.

SYM.

Bon Dieu! que dites vous? il eſt vray, ie l'ay veu,
Meſchant, crois tu le Ciel de foudres deſpourueu.

ARG.

Quoy! ma main ſera donc à ce coup refroidie?

SYM.

Non non la mienne doit punir ſa perfidie,
Ie ne me croyois plus digne de reſpirer,
Si quelque autre que moy le faiſoit expier.

FIL.

Que ie trouue bien toſt mon amoureux ſupplice!
Ceſte beauté peut elle auoir tant de malice!

(margin notes) ſilame ſans eſpe royant d'eſtre ſra y ſclaue reſolu de mourir pluſtoſt que de fuyr. / Argant veut tuer Fil Sym. empeſch. / Sym. veut tuer Fil al. l'empeſche.

C A L. à Symandre.

Mon ame, s'il est vray que Caliste autrefois
Ait sousmis ta franchise aux amoureuses loix,
S'il est vray que l'Amour ait pris en mon visage,
Quelque trait, pour fleschir ton genereux cou-
     rage,
S'il est vray que ton cœur ait senty les tourmens
Dont ta bouche m'a fait mille fois des sermens,
Ne me refuse point l'honneur d'vne victoire
Qui me doit esleuer au fais de la gloire.
Ha! mon cœur, permettez que ce monstre inhu-
     main,
Reçoiue deuant vous le trespas de ma main.
Ma vie, mon soucy donnez moy vostre espee,
Elle ne peut iamais estre mieux occupee.

F I L.

Mais dois-ie par la fuitte euiter le danger?
La honte à châque pas me viendroit outrager.

S I M.

Vostre sexce, Madame, en cecy vous dispence,
Quoy! vous souillet de sang.

Ingrate recompense!

Que vostre feint Amour me vient bien aueugler!

Malgré vostre refus ie le yeux estrangler.

Elle court vers Fil. feignât de le vouloir estrangler.

SIM.

Puis que vous voulez seule auoir ceste vengeance,

Prenez donc mon espee?

Cal. reçoit l'espee de Sym. & la baisans la donne en mesme têps à Filime.

CAL.

Heureuse deliurance!

Filame receuez ce present de ma main,

Plongez le dans le sang de ce traitre iuhumain.

Fil. esten-né de cette action de-meure long têps muet.

Quoy manquez vous de cœur contre ces homici-
   des?

Que ie triomphe donc de leurs vies perfides,

Rendez moy ceste espee.

FIL.

Ha Madame, comment!

Me croyez vous si lasche en mon ressentiment?

Mon ame estant surprise en ceste estrange ruse,

C'est ce qui m'estourdit, & ce qui vous abuse:

Mais mon esprit tousiours incline à la raison.

Il parle à Arg. parce

Mon braue, Il faut laisser à part la trahison.

SIM. à Caliste.

Infernale furie, à ma perte fatale!

CAL.

On ne peut trop punir vne ame desloyale.

SYM. & ARG. s'en vont.

Ingrate souuien toy de ceste lascheté.

CAL.

Tu fais bien de fuyr.

FIL.

Adorable beauté!

Sans qui mon ame estoit de force despourueuë.

CAL.

Remettons ce discours à la premiere veuë,

Tandis que nos mutins vuideront leur courroux,

Ne faites point de bruit, A Dieu, retirez vous.

que Sym.
n'a plus
d'espee ils se
battent, &
Fil. apres
luy auoir
trauersé
le bras
droit, il
luy fais tō-
ber l'espee
de la main

ACTE TROISIESME

Qui eſt le cinquieſme de la Comedie
en Commedie.

CRISTOME. FLORIDOR. FAVSTIN.

CRISTOME.

Ontinuer l'excez de ſon humeur
brutale,
En des foles amours où l'honneur ſe
raualé.
Me contraindre à quitter le ſoin de ma maiſon,
Pour venir de ſi loin forcer vne priſon:
Où le corps & l'eſprit ſont eſclaues du vice ;

L'im-

L'impudent est tombé du bord au precipice.

FLOR.

Asseurement Monsieur, si vous parlez d'A-
    mour,

C'est vn creus labyrinthe, où l'on voit peu de
    iour.

vn air, d'où le soleil ne peut chasser l'orage,

Vne mer où souuent la vertu fait naufrage.

On dit que les Amans ressemblent aux nochers,

Qui ne redoutent point les bancs ny les rochers,

Chacun d'eux pour cueillir les fruits de leurs pour-
    suites,

Mesprise les dangers des perils, & des fuittes.

FAVS.

Symandre mille fois a quitté le trespas,

Pour aller chez Caliste, où lon ne l'ayme pas.

CRIS.

La cuisine tousiours te trauaille & te picque.

I'estime grandement vne flame pudique,

Lors que l'esgalité suit le consentement,

Mais celle de mon fils n'est qu'vn desreglement.

X

FLOR.

Il est bien difficile où l'ame est aueuglee
De faire vne action qui se trouue reglee.

CRIS.

Hà que si vous sçauiez où vont mes desplaisirs
Ce volage ne suit que des mauuais desirs :
Et le plus sale obiect luy semble vne merueille.

FLOR.

Mais Monsieur, auoit-il ceste humeur à Mar-
seille ?

Il dit ce-
ers bas. *Le bon homme dira quelque chose de moy.*

CRIS.

C'est où lon vit premier son manquement de foy.

FLOR.

Quoy tu pleures Faustin.

FAVS.

Ha! fertile Prouence!
Clarinde où estes vous ? ha dure souuenance!

FLOR.

Quelle est ceste Clarinde ?

CRIS.

Vn glorieux tableau ;

De tout ce que le monde a de rare & de beau.

FAVS.

Vne fille tant braue, vne fille tant sage,
de qui tousiours l'effet respondoit au langage
Et que ie ne pouuois iamais desobliger,
Sinon par le refus de boire, ou de manger.
C'estoit alors que tout voloit par la fenestre,
Quand ie l'allois trouuer de la part de mon Mai-
stre.

FLOR.

Mais n'y fus tu iamais sans son commandement?

FAVS.

Quelquefois.

CRIS.

Plus de cent pour disner doublement.

FAVS.

Ha! que ceste maison m'estoit fort delectable!

CRIS.

Faustin s'aime par tout où lon tient bonne table.

FAVS.

C'est à faire aux oyseaux d'aller viure aux fo-
rests.

X ij

CRIS.

Tu nous tiens longuement dedans tes interests.

FLOR.

De sorte que Clarinde est viue en ta memoire.

FAVS.

Plus que tous mes parents.

FLOR.

Ha! ie ne le puis croire,
Et peut estre qu'icy tu la mescognoistrois.

FAVS.

Ie la cognoistrois mieux que ie ne me cognois.

FLOR.

il parle
bas.

L'erreur de ce valet vient de son habitude,
Mais celle de son Maistre est vne ingratitude.

FAVS.

Monsieur, si vos cheueux estoient vn peu plus
  roux,
Si vostre teint estoit plus vermeil & plus doux,
Et qu'on vous eust couuert de l'habit d'vne Dame,
Ie iurerois sans crainte, au peril de mon ame,
Considerant vos yeux escoutant vos propos,
Voyant les mouuemens de vos membres dispos;

Et gagerois auſsi tous les threſors de l'Inde,
Aſſeuré de gagner que vous eſtes Clarinde.

FLOR.

Ce garçon a tout dit.

Il parle
bas.

CRIS.

Fauſtin aſſeurement
Me fait voir à ce coup qu'il a du iugement.

FLOR.

Si toſt que ie vous vis, vous creutes le ſemblable,

CRIS.

Non fis, mais ie ſentis vn plaiſir incroiable,
Croyant de receuoir vn bien qui m'appartint:
Mais dans l'eſtonnement mon doute me retint.
Or Monſieur, maintenant ie vous veux faire en-
      tendre,
Le grand tort que Clarinde a receu de Symandre.
Ce volage, embraſé du feu de ſes beaux yeux,
Et qui me rendit content & glorieux,
au gré de tous noüer ceſte alliance,
Mais ceſt Ingrat fit voir bien toſt ſon incon-
      ſtance:
Car quelques iours apres qu'ils furent fiancez,

Son corps, & son esprit se virent enlacez.
Des impudicitez d'vne infame Lucrine:
Amour surprit si bien ceste foible poitrine,
Que le vice l'obtint en fin sur la vertu,
Et ne me seruit rien d'auoir bien combatu.
Les amis de mon fils, & ses plaintes rebelles,
Me firent consentir à ses amours nouuelles.
Clarinde qui voyoit arriuer ce mespris,
Plus sage que iamais ramassant ses esprits,
Preuint ce desloyal, & rendit sans contrainte
L'anneau qu'elle auoit eu pour gage de sa feinte:
Et meprisant autant l'affronteur, que l'affront,
Monstra le front au dueil, & non le dueil au
    front.
On ne la vit iamais plus graue ny plus belle,
            FAVS.
Il est vray, ie disné le mesme iour chez elle.
            CRIS.
Qu'alors qu'elle sortit des fers de ce trompeur.
            FLOR.
Elle fit bien, Lucrine eust elle point de peur?
De se voir quelque iour abandonner de mesmes?

CRIS.

Vn Amour diſſolu, dont les feux ſont extremes,
Ne voit que les obiects de ſon contentement:
Lucrine le fit voir en ſon égarement.

FLOR.

Fanſtin n'eſt pas d'auis de la mettre à l'enchere?

FAVS.

Elle ? qui fit pour moy ceſſer la bonne chere !
Ha ! que ſi maintenant ie la tenois icy,
Ie tirerois bien toſt mon Maiſtre de ſoucy.

CRIS.

Tu ne parles iamais qu'en faueur de ton ventre.

FAVS.

Comme eſtant de mon corps la merueille, & le
centre.

FLOR.

Fauſtin eſt ennemy de l'infidellité.

CRIS.

Encor plus de la faim.

FAVS.

Monſieur dit verité.

CRIS.

Lucrine estant donc prise, & Clarinde laissee,
Mon fils cogneut bien tost que son ame insensee
Auoit pris vne espine, en laissant vne fleur,
Abus dont il ressent encore la douleur.
Durant les iours heureux, qui sont ceux des pro
    messes,
Lucrine se monstrant prodigue de caresses,
Vsant des droits du temps, fit voir à son promis

FAVS.

Qu'vne femme d'esprit doit faire des amis.

CRIS.

Symandre se voyant abusé de la sorte,
Abandonne l'Amour, & luy ferme la porte:
Et preferant l'honneur à son contentement,
Il fuit par mon auis l'obiect de son tourment.
Son dessein, qui me pleut fut de voir l'Italie
Où sçachant derechef que son honneur s'oublie,
En de pareils amours que ceux qu'il a quitté,
Ie vien voir si ie puis le mettre en liberté.

FLOR.

Mais que fait maintenant ceste belle impudique!

CRIS.

CRIS.

La honte de se voir.

FAVS.

lle a leué boutique.

CRIS.

La fable du vulgaire, & le mespris de tous,
'a fait quitter Marseille.

FAVS.

Ha! que nous dites vous?
Que ceste ingrate fille ait quitté sa patrie
Qu'elle aille dans Paris monstrer son industrie,
est là que les vertus trouuent bien de l'employ.

CRIS.

Mais on poursuit Symandre.

FLOR.

Ouy Monsieur ie le voy.

Y

SCENE PREMIERE.

Symandre, Filame l'espée à la main.

SYMANDRE.

Ils se battent, & les autres se mettent entre deux.

Il faut il que ton sang me venge de l'outrage,

FIL.

M'ayant pris maintenant en homme de courage,
Tu ne peux m'offencer, en faisant ton deuoir,
Mais où manque le droit, aussi fait le pouuoit.

CRIS.

Tout beau mõ fils, cessez aux yeux de voftre pe

SYM.

Pardonnez ie vous prie à ma iufte cholere.

FLOR.

Mais Meßieurs donnez trefue à vos reffen
mens,

Les estrangers riront de vos prompts mouuemens.

S Y M.

Rends graces au rencontre, il prolonge ta vie.

F I L.

Crois que sans luy ton sang eust noyé ton enuie.

Fil. se se-
pare d'eux.

C R I S.

Ne veux tu point cesser de m'accabler d'ennuys?

Rouleras tu tousiours dans les obscures nuicts?

Messieurs, retirez vous souuent vn peu d'absence.

A beaucoup d'accidens oste la violence.

Le bruit trop agité nous nuit souuentes-fois:

Tandis l'iray sçauoir ce que veut ce françois.

F A V S.

Le bruit? Par la mort bleu, si lon m'eust laissé
faire,

Ils rentrêt.

S Y M.

Tais toy.

F A V S.

C'en estoit fait : non, ie ne me puis taire.

Y ij

SCENE DEVXIESME.

CALISTE.

'Ay recogneu Filame, ou mon œ
 s'est deceu,
Assez prés d'vn vieillard que ie n'ay
 iamais veu :
I'ay bien ouy sa voix, & ne suis point trompée,
Symandre le suiuoit auecque son espee,

Cal. parle à Flaminie qui arriue. D'où veniez vous ainsi ? vous auez bien tardé.

FLAM.

Ie vien de chez Celite, où vous m'auiez mandé.

CAL.

'Auez vous veu personne à ce prochain passage:

FLAM.

I'ay rencontré Symandre auec vn homme d'aage

CAL.

Le cognoissez vous point ?

FLAM.

Non mais à son aspect,
Il semble estre son pere.

CAL.

Où seroit le respect,
De Symandre enuers luy? qui plein d'outrecui-
    dance
Pressoit l'espee au poing Filame en sa presence.
A propos dites moy comment cest arrogant
Est entré dans ma chambre auecque son Argant?

FLAM.

Madame, ils sont entrez comme i'ouurois la
    porte.

CAL.

Que ne l'empeschiez vous?

FLAM.

Pouuois-ie estre assez forte?
Puis ie ne sçauois rien de vostre intention.

CAL.

Ce trait peut bien venir de vostre inuention.

FLAM.

Madame, ie voy bien que ie vous importune,

Y iij

J'ayme mieux loin de vous faire vne autre fortune.

CAL.

Vous la pouuez chercher, ie ne l'empesche pas.
Soit tantost, ou demain, ou plustost de ce pas.

Floridor retourne seul proche d'vn Canal.

STANCES.

Qve me seruent mes artifices,
Sinon d'accroistre mes malheurs?
Enfin le but de mes douleurs,
N'est qu'vn abysme de supplices
Mon espoir n'a plus de delices,
Mes espines n'ont plus de fleurs.

Que ie me trouue bien surprise,
En cest honteux déguisement!
I'ay creu que ce persi de amant
Descouuriroit mon entreprise,

Et que ma premiere franchise,
Vaincroit son dernier sentiment.

Mais ie me voy bien abusee,
En ce miserable seiour:
Mon ame y voit si peu de iour,
Que ie serois mal auisee
D'exposer ma feinte en risee,
A la honte de mon amour.

Puis que le mal qui me deuore,
N'a plus son remede en l'espoir,
Et que l'ingrat ne peut rien voir
Que sa Caliste, qu'il adore,
Demain au leuer de l'Aurore,
Ie veux vser de mon pouuoir.

I'abandonneray ce pariure,
Que l'honneur ne peut retenir:
Ce sera doucement punir
La malice de son iniure,
Mais qu'elle outrageuse figure

Elle voit s figure dan l'eau.

Vient troubler mon reſſouuenir?

Portrait, à mes yeux effroyable,
Quitte le calme de ces eaux,
Elle iette des pierres dans l'eau Va te cacher dans les tombeaux,
Suis-ie pas aſſez miſerable
Par le vieil obiect qui m'accable,
Sans en rencontrer des nouueaux?

Helas! que ie ſuis malheureuſe!
Ce ſpectre ne diſparoit pas:
Il ſuit mes geſtes & mes pas,
Tant plus il me voit langoureuſe:
Non, cette image rigoureuſe,
Flor. aperçoit Caliſte prés de la porte de ſon logis. Ne peut finir qu'en mon treſpas.

FLOR. continuë.

Mais mon œil ſe deçoit, ou i'aperçoy Caliſte,
Il faut pour quelque temps qu'à mon mal ie re-
ſiſte,
Ie m'en veux approcher, & ſçauoir ſi ie puis,

ſi ſes contentements eſgalent mes ennuys.

CAL.

Ie croy que ce françois preuient mon entrepriſe,

FLOR.

Madame, ie ne puis oublier la franchiſe

Qne l'honneur a permiſe à noſtre nation :

Vos merites, conceus de la perfection,

Dignes ſubiects des vœux qu'vn françois vous
    preſente,

Excuſeront aſſez mon erreur innocente.

Floridor la baiſe.

CAL.

Monſieur, vos complimens ont des termes flat-
    teurs,

Qu'en vn autre que vous ie iugerois menteurs

La plus chere faueur que fortune me monſtre,

C'eſt lors qu'vn vertueux ſe trouue à mon rencon-
    tre,

Et vous eſtimant tel dedans mes ſentimens,

Il ſeroit ſuperflu d'vſer de complimens,

Mais dites s'il vous plaiſt, cognoiſſez vous Sy-
    mandre?

Z

FLOR.

Ie ne le cognoy point, quoy qu'il me fasse entendre
Qu'il m'a veu mille fois, que mes traits, que mes
    yeux,
Mes gestes & ma voix le tiennent soucieux :
Et que ie suis si bien emprainte en sa memoire,
Qu'on ne m'en peut oster.

CAL.

Mais qu'en pouuez vous croire?

FLOR.

Si ce n'est pas vn songe, il faut bien qu'il ayt veu,
Quelqu'vn qui me ressemble, ou bien qu'il soit de-
    ceu.

CAL.

Quelquefois nostre esprit s'imagine des fables,
Qui se perdent auprés des obiects veritables.
Symandre quelque iour reuerra son obiet,
Et lors vous cesserez d'en estre le subiet.
Ie croy si comme luy ie ne me suis deçuë,
Qu'il estoit maintenant au bout de ceste ruë,
Vne espee à la main contre vne autre françois
Et qu'vn vieillard en fin s'est mis entre vous trois.

FLOR.

Vous n'estes pas trompee, ils ont vne querelle,
Qui monstre en apparence vne suitte mortelle,
Et croy que la fortune en eust fait voir l'effect
Sans ce vieillard notable, arriué sur le fait.

CAL.

Sçauez vous point comment leur haine s'est for-
mee?

FLOR.

On dit que c'est chez vous qu'elle s'est aullmee.

CAL.

Il est vray, mais Symandre est coulpable de tout.

FLOR.

L'Amour, & vos beautez, en viendrez bien à
bout.

CAL.

Monsieur, i'ayme Symandre, & ie le dis sans
feinte,
Sans Amour toutesfois, mais d'vne amitié sainte,
Qu'il meure en mon amour, ie ne le puis guerir,
Mais pour son amitié ie suis preste à mourir.
Ie ne veux pas icy faire la delicate,

Plusieurs de nostre sexe, en qui l'Amour esclate
Alors qu'on leur en parle en feignent de l'ennuy :
Pour moy, i'ay de l'Amour, mais ce n'est pas pour
    luy.

FLOR.

Vous ne sçauriez parler auec plus de franchise,

CAL.

Symandre ne me peut accuser de feintise.
Mais que regardez vous ?

FLOR.

Madame si mes yeux

Floridor regarde vn ioyau qui pend au col de Cal. il tire vne bague d'or de sa poche.

Ne sont aussi trompez, ce ioyau precieux,
A des chiffres pareils à ceux d'vn que ie porte,

CAL.

Voyons ?

FLOR.

Regardez bien.

CAL.

Ils sont de mesme sorte.
Mais d'où l'auez vous eu ?

FLOR.

D'vne infidelle main.

Qui ne manque de foy du iour au lendemain.

CAL.

Ie ne pourrois iamais conseruer vn tel gage.

FLOR.

Ie ne le garde aussi qu'à cause de l'ouurage,
Mais ie suis fort en peine où vous eustes cecy,
Madame vous pouuez me tirer de soucy.

CAL.

Puis que nos ioyaux ont vne marque commune,
Vous sçauez le secret de ma triste fortune,
Peut estre que le Ciel nous a fait rencontrer,
Pour vn bien que nos cœurs ne peuuent penetrer.
Sçachez, que sur la fin de ma troisiesme anneè,
Mon aage n'ayant peu fleschir la destinee,
Ie fus prise des Turcs, & menee en Arger;
I'ay vescu quatorze ans sur ce bord estranger,
Sans auoir rien appris du lieu de ma naissance,
Ma nourrice, qui seule en auoit cognoissance
Trompoit de discours feints ceux qui nous auoient
  pris,
De peur que ma rançon ne fut mise à grand prix.
Vn frãçois, Renegat, veuf, riche, & sans famille
Z. iij

Nous ayant acheté, m'adopta pour sa fille :
Au bout de quelque mois vne soudaine mort
Fit dessus ma nourrice vn violent effort,
Et demeuray toufiours en l'opinion d'eftre
Sinon depuis vn an la fille de mon Maiftre,
A qui cefte nourrice auoit mis en depos
Ces petits bracelets.

FLOR.

Ce fut bien à propos ;
Quittez tous vos soucis, car Madame i'efpere,
De vous faire reuoir auiourd'huy voftre pere.

CAL.

Ha que me dites vous ?　Mon pere helas ! comment,

FLOR.

Ie dis la vérité, pourfuiuez feulement.

CAL.

Mon pere putatif, dont l'ame eftoit Chreftienne,
Qui fçauoit que ce nom refpiroit en la mienne,
Se cognoiffant vn iour fort proche du trefpas,
Me dit ce que i'eftois, & ce qu'il n'eftoit pas.
Qu'il n'eftoit pas mon pere, & que i'eftois de
France,

ans ſçauoir de quel lieu.

FLOR.
Voila trop d'aſſeurance,
Vous en ſçaurez bien toſt la pure verité.

CAL.
En fin m'ayant remiſe en pleine liberté,
Le bon homme rendit le tribut à Nature.

FLOR.
Vous me venez d'apprendre vne eſtrange auan-
ture !
Mais Symandre iamais ne s'eſt-il apperceu,
De ce fatal ioyau.

CAL.
Iamais il ne l'a veu.
Pourquoy ?

FLOR.
Vous ſçaurez tout auant que le iour paſſe.

CAL.
Ha ! que vous m'eſtonnez, mais dites moy de
de grace,
Pourquoy vous comprenez Symandre en ce diſcours ?

FLOR.

Parce qu'il doit bien toſt delaiſſer vos amours.

CAL.

Ie ne vous entens pas.

FLOR.

La choſe eſt aſſeuree,
Que vous allez auoir vn plaiſir de duree.
ſloridor ſ'en va Ie le vay preparer.

CAL.

Ie vous attens icy,
Ma raiſon ne peut rien comprendre en tout cecy.

SCENE

SCENE TROISIESME.

TRASILE POLION.

TRAS.

E N fin, vous me voulez accabler
martyre?

CAL.

Vous me voulez encor donner
suiect de rire?

POL.

Qui ne mourroit de rire auprés d'vn tel amant?

TRAS.

Cruelle! pourriez vous rire de mon tourment.

POL.

S'il auoit le pouuoir esgal à son enuie,
On feroit des Romans du declin de sa vie.

TRAS.

Pourquoy me priuez vous de la felicité,

De permettre à mes yeux de voir voſtre beauté?

CAL.

Ie le fais pour le mieux, puis que vos yeux debile
Se rallument aux miens de flames inutiles.

POL.

Que voila bien punir ſes amoureux plaiſirs,
Qui ne ſont qu'en ſes yeux, & dedans ſes deſir

TRAS.

C'eſt doncques à ce coup que ie perds l'eſperance

CAL.

Ie croy vous obliger en ceſte deliurance,
Si vous voulez m'aymer, que ce ſoit deſormais,
Comme voſtre parente, ou ne m'aymez iamais.

POL.

Quoy Monſieur, voulez vous que toute l'Italie
Vous cognoiſſe obſtiné dedans voſtre folie?
Vous voulez impoſteur eſchauffer vn glaçon,
Et faire en temps de pluye vne belle moiſſon.
Laiſſez ceſte orgueilleuſe, & reprenez courage
Auſſi bien ſa faueur ſeroit voſtre dommage.
Il faut peu de remede à voſtre gueriſon,
Et des ongles bien forts à ſa demangeaiſon:

Croyez qu'elle n'est pas où vostre amour la gratte,
Il la faut laisser là, puis qu'elle est vne ingrate.

SCENE QVATRIESME.

Cristome, Floridor, Symandre,
Faustin, Filame

CRISTOME.

A ! que me dites vous.

TRAS.

Voicy beaucoup de gens.

POL.

Mon Maistre en voila deux qui
semblent des sergens.

CAL.

Ces Messieurs ont sans doute accordé leur que-
relle,

CRIS.

Madame, nous venons d'apprendre vne nouuelle,

A a ij

Où nos espris troublez conçoiuent du répos.

CAL.

Monsieur, si ie pouuois comprendre vos propos
Ce me seroit faueur de soulager vos peines.

FLOR.

Ne perdons point de temps en des paroles vaines.

CRIS.

Est il vray qu'autrefois au sortir du berceau,
Vous fustes enleuee ? & mise en vn vaisseau,
Et vendue en Arger ?

CAL.

Ouy, vous le pouuez croire.
Cest accident, Monsieur, n'est pas en ma me-
    moire :
Mais cest homme de bien en sçait la verité.

Elle parle
de Trasile.
TRAS.

Celuy qui l'acheta m'ale tout recité.

CAL.

Certes si ma fortune en quelque fait vous touche.
Elle parle
de Flor.
Ce ieune Gentilhomme à tout sceu de ma bouche.

CRIS.

Si ce qu'il dit est vray, ie crois asseurément.

Que vous estes ma fille.

CAL.

Helas! bon Dieu comment?

CRIS.

Au temps que vous marquez, ha! perte nompa-
    reille!
On me rauit ma fille assez prés de Marseille,
Lieu de nostre naissance, & vous sçaurez com-
    ment,
Vn iour que tout s'offroit à mon Contentement,
Pour tirer mon esprit de quelque facherie,
I'allay me pourmener en vne metairie,
Mes deux petits enfans estoient auecque moy,
L'vn est Symandre, & l'autre, est vous, comme ie
    croy.
Non ie n'en doute plus, la chose est tres certaine :
Mais ie veux voir ce chiffre, & pour m'oster de   *Il regard*
    peine   *le ioyau*
Sçauoir si vous auez vne marque au bras droit,   *Caliste.*

CAL.

Ouy Monsieur la voicy.   *Il regar*
                                                 la marq
                        A a iiij   *au bras.*

CRIS.

Maintenant il faudroit
D'estanges accidens, pour vous oster le droit,
Que nature vous donne au bien de ma famille,
Tout cecy me fait voir que vous estes ma fille:
Mais vne seule chose arreste mon esprit,
C'est le nom de Caliste.

CAL.

Alors que l'on me prit,
On me nommoit Perside.

CRIS.

Ha, ma chere Perside!
L'asseurance retourne en mon ame timide.

Ils s'em-
brassent. Allons, retirons nous, c'est trop perdre de temps :

CAL.

Maintenant mes esprits satisfaits & contens,
Ie ne redoute plus les traits de la misere
Me trouuant vostre fille, & la sœur d'vn tel
frere.

Ie parle
à Syman-
dre qui
m'embrasse. Mon frere pardonnez de grace à mon erreur?

SYM.

Le sort m'oblige trop que vous soyez ma sœur,

Puis qu'il vous deffendoit le tiltre de maistresse.

FLOR. parle à Symandre.

Mais, voyons maintenant si dans cette allegresse,
Et libre de l'Amour qui vous auoit surprise,
Le souuenir pourroit esueiller vos esprits.
Me cognoissez vous point? Regardez.

SYM.

Il me semble,
Que ie voye Clarinde, & Floridor ensemble.

FLOR.

Ingrat, ie suis Clarinde, & non pas Floridor,
Considerez moy bien, voyez ces chiffres d'or.
Regardez ces cheueux, voyez ceste poitrine,
Et si vous n'adorez encor vostre Lucrine,
Vous ne pouuez douter de maintenant toucher,
Celle de qui l'Amour vous fut iadis si cher.

FAVS.

Ha! Madame, est-ce vous? Ha! Clarinde!
ha! mon Maistre!

*Faustin
l'embrasse,
& puis son
Maistre.*

SYM.

Est-il vray que mes yeux ne vous ont peu cognoistre?

Mais mon ame est-ce vous: Ouy vóila ces beaux
yeux,
D'où mon Amour tira tant de traits glorieux.
Clarinde, pardonnez à mon esprit coulpable,
Que dis-ie pardonner: ie ne suis plus capable.
Que des feux eternels de la seuerité,
Et de seruir d'exemple à l'infidelité.

FAVS.

Quoy qu'il m'ayt souuent fait endurer la famine,
Ie meurs en luy voyant faire si triste mine.

CLAR.

C'est à moy cher Symandre, à demander pardon.

CRIS.

Amour esgalement vous octroye ce don.

SYM.

Que de mortel regret que ma faute me donne!

CAL.

Mon cœur, n'en parlons plus.

FAVS.

Clarinde vous pardonne.

CRIS.

Qui vit iamais vn cœur, si fidel & si doux?

Ma

Ma fille, c'eſt aſſez, Symandre eſt voſtre eſpoux.

FILA.

Monſieur, dans les plaiſirs de ceſte eſiouyſſance,
Nous pourrions bien encor traiter vne alliance,
Si Madame Caliſte ayant cogneu ma foy,
Me vouloit honorer de ietter l'œil ſur moy,
Ie m'eſtimerois plus en l'ayant obtenuë
Que ſi i'auois donné du front dedans la nuë.
Voſtre conſentement en peut briſer les fers.

POL.

Mon Maiſtre va donner du nez dans les enfers.

TRAS.

Monſieur, ſi vous voulez ie ſeray voſtre gendre.

CAL.

N'en parlons plus Monſieur, ie ne ſuis plus à
vendre,
Ie croy que vous voudriez encore m'adopter,
Ayant trouué mon pere, il me faut contenter.

CRIS.

Ma fille chez vous deux ne peut eſtre qu'heu-
reuſe,
Mais on ne peut forcer vne flame amoureuſe,

B

Ie la veux laisser libre en de si douces loix,
L'honeur & la vertu luy donneront le choix,
Allons nous retirer pour disposer du reste?

FAVS.

Que ie veux dignement celebrer ceste feste.

FIN.

www.ingramcontent.com/pod-product-compliance
Lightning Source LLC
Chambersburg PA
CBHW070621100426
42744CB00006B/564